MÉMOIRES

POUR SERVIR A

L'HISTOIRE D'HAÏTI.

SAINT-DENIS. — TYPOGRAPHIE DE PREVOT ET DROUARD.

MÉMOIRES

POUR SERVIR A

L'HISTOIRE D'HAÏTI

PAR BOISROND-TONNERRE,

PRÉCÉDÉS

DE DIFFÉRENTS ACTES POLITIQUES

dus à sa plume,

ET

D'UNE ÉTUDE HISTORIQUE ET CRITIQUE

Par SAINT-REMY (des Cayes, Haïti),

Avocat aux cours impériales de l'Ouest et du Sud.

PRIX : 2 FR.

PARIS

FRANCE, LIBRAIRE,

15, QUAI MALAQUAIS.

—

1851.

ÉTUDE HISTORIQUE ET CRITIQUE.

Le plus bel âge de la vie d'un homme, c'est celui où, après avoir fortifié ses facultés par l'instruction et appris à les diriger par l'éducation, il est mis en demeure de les exercer et de contribuer à toutes les charges que lui impose la société. — Il entre alors en possession de lui-même et mesure sa grandeur par sa force, — sa force — par ses charges. Comme aussi la plus belle époque de la vie d'un peuple, c'est celle où, après une longue et dure sujétion, il brise ses liens et vient réclamer sa part de service et d'avantages dans la famille des nations. — Mais si une telle époque est une époque remarquable, solennelle dans l'humanité, elle l'est surtout pour Haïti, cette île que les Européens appelaient la *Reine des Antilles*, dans laquelle, après avoir fait disparaître la race indigène, ils ont succombé eux-mêmes sous le courroux d'une autre race qu'ils avaient transportée pour remplacer leurs victimes. En effet, la plupart du temps, pour les autres peuples l'indépendance n'a été que le simple triomphe d'un peuple vaincu sur son ancien vainqueur; mais dans ces cas, le vainqueur reconnaissait dans le vaincu un homme comme lui-même. Il n'en fut pas ainsi à l'égard du peuple haïtien.

Parmi les blancs, vains de la couleur de leur peau, de certaines lignes fines et délicates de leur visage, des physiologistes avaient établi sérieusement que du nègre au singe, il n'y avait qu'un pas (¹). Et à côté de maîtres humains, —d'autres maîtres cruels agissaient comme s'ils partageaient l'opinion de ces physiologistes, nous traitaient, nous leurs esclaves, comme de véritables bêtes de somme. —Le nègre eut donc à conquérir non-seulement sa liberté, mais encore à faire reconnaître son titre d'homme. Mais la révolution qui éclata à Saint-Domingue prouva aux blancs que le nègre avait un cœur qui ressentait les outrages, une intelligence et un bras capables de les venger, —ce qui n'appartient qu'aux hommes, — et que ces hommes savaient être libres. Ce n'est pas tout cependant que de s'affranchir du joug ; il faut marcher avec la civilisation. — La philanthropie a donc le droit de nous demander ce que nous avons fait depuis nos cinquante années d'émancipation? Or, puisqu'on s'inquiète de nous, la révolution d'Haïti n'est alors pas un événement qui regarde seulement l'histoire d'un pays; mais en élevant une race à la dignité qu'on lui déniait, cette révolution doit marquer dans les fastes de l'humanité, qui se trouve agrandie par notre rentrée dans son sein. Cette révolution ne fut-elle pas en effet le commencement de la réparation d'une longue et cruelle injustice? Saint-Domingue n'est-il pas la première terre antilienne qui nous présenta au monde civilisé, comme dignes de suivre ses destinées? Aussi tous les documents qui rappellent le grand fait de l'indépendance d'Haïti, doivent-ils intéresser vivement les libres penseurs qui croient à l'union future des races.— Malheureusement ces documents sont rares, comme

(¹) Virey, Camper, Sœmmering, etc.; par contre, Lawater, Tiedemann, Blumenbach, etc.

l'était alors l'instruction parmi des hommes naguère esclaves, — entre lesquels quelques-uns à peine savaient lire et écrire. C'est pourquoi je me fais un devoir de publier ces mémoires qui, à part quelques faits inexacts et des opinions que nous discuterons plus loin, contiennent des révélations précieuses qu'on ne trouve point ailleurs sur l'histoire glorieuse de la libération de mon pays.

Ces *Mémoires* sont ceux de Boisrond-Tonnerre. Tirés à un très-petit nombre d'exemplaires, ils sont devenus excessivement rares, et pour moi, ce n'a été qu'après beaucoup de recherches et de peine que je suis arrivé à m'en procurer deux vermoulus et mutilés, mais heureusement se complétant l'un l'autre, ce qui m'a permis d'en donner une édition complète, à laquelle j'ai joint les manifestes de ce même homme politique.

Les *Mémoires* de Boisrond-Tonnerre, dans d'autres temps et dans d'autres lieux, ne se recommanderaient pas par leur valeur littéraire; mais ils doivent en avoir une pour Haïti. Boisrond-Tonnerre est le premier qui ait songé à enregistrer les actes de la lutte que nous avons soutenue contre l'ambition du vainqueur de l'Europe. — C'est là son titre à une réimpression ; c'est là aussi un de ses honorables titres à la renommée ; malheureusement ce genre de titres est rare pour lui. — J'eusse de beaucoup préféré me taire sur un homme qui a été plus funeste qu'utile, mais l'intérêt de la vérité ne le permet pas. Et en enregistrant de nouveau, comme des monuments précieux, ceux de ses travaux que j'ai pu me procurer, je dois faire connaître l'homme, afin de mettre en garde contre quelques-uns de ses jugements ou opinions.

Un jour de l'an 1776 que le ciel était sombre ; non loin de la ville des Cayes, dans une petite commune qui a nom Torbeck, vint au monde Louis Boisrond. A ses premiers vagisse-

ments, la foudre, sillonnant soudain la nue, éclata avec sa vio-
lence tropicale et vint ébranler le berceau du nouveau-né, mais
sans occasionner aucun accident malheureux. Le foyer domestique remis d'une épouvante bien concevable, Mathurin Boisrond (¹) déclara, qu'en mémoire du danger auquel venait
d'échapper si miraculeusement sa maison, il donnait à son
fils le nom de *Tonnerre*.

Ces circonstances, que je tiens de vieillards dignes de foi,
m'ont confirmé dans le préjugé des noms. La vie de Boisrond-
Tonnerre, après s'être en effet passée au milieu des orages,
funeste comme le fléau dont il portait le nom, s'acheva sous
l'éclair d'une arme vengeresse. — Or, son parrain était son
oncle, l'honorable Louis-François Boisrond (²). Depuis longtemps émancipée de l'esclavage, la famille du nouveau-né,
devenue riche, marchait modestement avec le progrès que
le XVIIIᵉ siècle préparait au monde. Elle rêvait, cette patriotique famille, à l'affranchissement de la race africaine à laquelle
elle appartenait. Aussi Louis Boisrond, dont la haute intelligence se préoccupait de l'avenir du nouveau-né, se chargea de
son éducation. Quoique élevé dans la colonie, il savait que
l'homme a besoin de voyager pour apprendre et s'éclairer. Il

(¹) Mathurin Boisrond, charpentier-mécanicien dans la plaine de
Torbeck, naquit le 24 juillet 1750, du mariage de François Boisrond
avec Marie Hérard. Mathurin Boisrond eut encore deux fils, Boisrond
Canal, ainsi nommé, parce que sa mère, surprise par les douleurs de
l'enfantement, le mit au monde au bord de l'aqueduc de son habitation, et Laurent Boisrond, chef de bataillon au 16ᵉ régiment, mort au
champ d'honneur, au siége du Môle.

(²) Louis-François Boisrond, naquit le 16 décembre 1753, comme
Mathurin, dans la plaine de Torbeck. Il fut à l'émancipation des Noirs
faite au Cap le 29 août 1793 par Sonthonax, chargé d'aller proclamer
cet acte mémorable dans différents quartiers du Nord. Sa conduite
dans ces graves circonstances où il fallait apprivoiser les blancs avec
la liberté et les esclaves avec le travail volontaire, lui mérita tous les
suffrages. Aussi fut-il nommé député de la colonie au corps législatif
de France.

envoya son neveu à Paris. L'écroulement du plus auguste trône de la chrétienté surprit Boisrond-Tonnerre dans le cours de ses études. Caractère enthousiaste, il vit dans ce mouvement égalitaire toute une nouvelle destinée pour l'espèce noire; mais esprit sans règle et partant sans portée, il n'y vit qu'une occasion de haine; il s'exalta, négligea ses études classiques par amour pour les grandes émotions politiques. Et quand, en l'an VII, son oncle fut envoyé par le Sud de la colonie, comme député en France, Boisrond-Tonnerre revint à Saint-Domingue pour assister à la réalisation des doctrines consacrées par la convention. — Boisrond-Tonnerre resta néanmoins témoin en apparence impassible de la guerre sacrilége qui s'éleva entre Toussaint-L'Ouverture et André Rigaud. L'animosité des deux partis se calmait à peine que l'expédition française dirigée par le général Leclerc vint remuer de nouveau toutes les passions. Boisrond-Tonnerre entre alors dans la lutte, où il va s'élever de toute la hauteur de sa violente complexion. Un incident vint à cette époque attacher pour toujours, et jusque dans la tombe, son sort à celui du général Dessalines. — Malgré l'occupation par les Français du Port-au-Prince, de Léogane, des Grand et Petit-Goâves, de Miragoâne, d'Aquin et de Cavaillon, Dessalines allait à travers la montagne du Rochelois, au camp Gérard, rejoindre dans la plaine des Cayes, les généraux Geffrard et Gérin, pour organiser leur armée. — Dans cette conjoncture, il eut besoin d'un secrétaire. Boisrond-Tonnerre à cette même époque, habitait avec sa famille Saint-Louis-du-Sud, place fortifiée jadis par la compagnie des Indes. — Dessalines le rencontra. Le ton brusque de ce jeune homme, comme aussi son affectation à parler le créole le plus grossier, plut au général qui le prit dès lors à son service.

Boisrond-Tonnerre entra ainsi, en juillet 1803, dans la carrière politique. Il avait affaire à un homme moitié loup; il

était, lui, moitié chacal. Il fit la guerre de l'indépendance
comme officier d'état-major et secrétaire ; il parvint au grade
d'adjudant-général. Après cette guerre mémorable qui amena
l'indépendance de Saint-Domingue, ce fut lui qui fut chargé
d'en rédiger le manifeste. Voici comment cela arriva. Les
vainqueurs résolurent de proclamer leur triomphe. Le général en chef de l'armée indigène, Jean-Jacques Dessalines,
avait porté les yeux pour l'écrire, dit-on, sur Charairon, adjudant-général comme Boisrond-Tonnerre. Charairon (¹) ne
pouvait plaire à des hommes passionnés. Charairon, mulâtre
à mœurs douces, élevé en France, pensait qu'il s'agissait,
dans ce manifeste, d'annoncer non-seulement aux siens leur
victoire, mais encore au monde civilisé. Il avait préparé un
projet où il cherchait à montrer le calme et la dignité d'un peuple fort de ses droits : enfin une œuvre de raison. Boisrond-
Tonnerre, ce jour-là, tout en ébriété, assistait à la lecture du
discours. « Tout ce qui a été fait, balbutia-t-il, n'est pas en
harmonie avec nos dispositions actuelles ; pour dresser l'acte
de l'indépendance, il nous faut la peau d'un blanc pour par-
chemin, son crâne pour écritoire, son sang pour encre, et
une baïonnette pour plume. »

Dessalines, frappé de ces odieuses paroles, qui répondaient
parfaitement aux sentiments de vengeance sauvage qui lui
gonflaient le cœur, chargea Boisrond-Tonnerre de la besogne
de Charairon, en lui disant : *C'est çà, Mouqué, c'est çà même
mon vlé ! C'est sang blanc, mon besoin* (²).

Dès lors, Boisrond-Tonnerre fut en faveur plus que jamais ;
il aimait le sang et il faisait sentir à son maître l'avant-goût
de ce breuvage infernal. Là fut une des causes de son crédit,
qui ne fit que croître avec la puissance de Dessalines. Lorsque

(¹) Il mourut en 1810.
(²) C'est cela, Monsieur, c'est cela que je veux ! Il me faut du sang
des blancs !

celui-ci fut arrivé à l'empire, il était en possession de toute sa confiance.

Vicieux comme lui, plein de vanité, rampant, délateur perfide, mauvais conseiller, il devint pour ainsi dire *l'âme damnée* du nouveau gouvernement. Après avoir été un des principaux moteurs du massacre des blancs (¹), il se fit le persécuteur de ses propres concitoyens. Il dénonça le général Geffrard, comme ayant voulu favoriser le retour d'André Rigaud; il dénonça encore le chef d'escadron Borgella sous les motifs les plus frivoles. Mais, dans cette occasion, un simple fait, dont Dessalines fut témoin, sauva l'homme de cœur qui allait être sa victime. Borgella s'étant rendu à Marchand, lieu de la résidence impériale, rencontra en faction Gabriel David-Troy, ancien confédéré de 91, élevé sous la république française au grade de capitaine de gendarmerie, et qui, revenu de France, avait été par Dessalines dégradé et incorporé comme simple fusilier dans la 4ᵉ demi-brigade. — Dessalines commit souvent le tort d'attenter à la dignité des hommes les plus marquants : ce fut une cause principale de sa chute. — Borgella se dirigeait vers David-Troy, son ancien frère d'armes, quand Boisrond vint, par derrière, lui prendre et serrer la main. A cette action, Borgella, croyant à la présence d'un camarade, se retourna, mais reconnaissant Boisrond, il retira brusquement sa main de celle de celui-ci, en lui disant : « Je ne donne la main qu'à mes amis. » David-Troy, ce beau type de nègre, qui honora ma couleur, tendit à son tour la main

(¹) Ces massacres auxquels Boisrond-Tonnerre excitait le peuple par ses proclamations, eurent lieu aux Cayes en janvier (1804), au Cap en avril, au Port-au-Prince et dans les autres villes à la même époque. Boisrond-Tonnerre, Bazelais, Christophe, se baignèrent dans le sang. — Pétion, Geffrard, Jean-Louis François, Guillaume-Lafleur, Férou et Voltaire sauvèrent toutes les victimes qu'ils rencontrèrent, en facilitant de leurs bourses et même au péril de leur vie la fuite de ces victimes à l'étranger.

à Borgella et, grand cœur qui ne savait pas se maîtriser, il s'écria, comme don Diègue à Rodrigue :

A ce noble courroux, je reconnais mon sang !

Dessalines avait remarqué la scène. Frappé autant que satisfait de la conduite de Borgella et des paroles de David-Troy, il renvoya le premier comblé de marques de prévenance. Mais alors, pourquoi faire les choses à demi ? Pourquoi n'avoir pas réintégré David-Troy dans la considération à laquelle son courage héroïque lui donnait droit ? Dessalines ne s'honora ainsi qu'à moitié. Et la toute-puissance que Boisrond continua de conserver à la cour montra que si l'empereur n'était pas toujours insensible à la vertu, les hommes vicieux avaient plus facilement accès dans son cœur. En effet, comme si un seul mauvais génie ne suffisait pas pour le pousser au mal, un nouveau mauvais génie vint apporter le tribut de sa perfidie au service de Boisrond-Tonnerre. Cet autre s'appelait Etienne Mentor ; homme doué d'un véritable courage et de certains talents militaires, mais d'un caractère déplorable. — Cousin d'Avalon, dans son histoire de Toussaint-L'Ouverture, donne sur Mentor les détails suivants :

Selon cet auteur, il était né d'une famille d'affranchis, à Saint-Pierre (Martinique), en 1771 ; « Il ne manquait pas de « quelque instruction ; il monta, lors de la révolution, au « grade de capitaine des chasseurs de la Guadeloupe ; il dis-« puta le sort de cette dernière colonie aux Anglais. Il ne « céda, continue Cousin d'Avalon, la batterie dont il avait été « chargé, que lorsqu'il vit tous les siens tués ou renversés à « côté de lui. Fait prisonnier et déporté en Angleterre, il « conçut et exécuta le projet, à la vue des côtes d'Ouessant, de « s'emparer du bâtiment qui le conduisait en Angleterre et « de le mener à Brest. Cette audacieuse entreprise le rendit à « la liberté et à la France. Incorporé, à son arrivée, dans un

« bataillon, il fit une campagne dans la Vendée sous le géné-
« ral Westermann ; il fut ensuite appelé à Paris pour donner
« des renseignements sur la prise de la Guadeloupe, et nom-
« mé, en l'an III, adjoint aux adjudants-généraux pour Saint-
« Domingue. Il arriva dans cette île après l'événement du 30
« ventôse, qui avait compromis la vie et la liberté du général
« Laveaux ; il devint le défenseur des agents du gouvernement
« français et l'appui des Européens opprimés. Appelé auprès
« de Toussaint-L'Ouverture, il mérita, par ses talents mili-
« taires et par la considération qu'il avait obtenue parmi les
« noirs, d'être admis dans la confiance intime de ce général,
« et d'être élevé au grade d'adjudant-général de l'armée de
« Saint-Domingue. C'est dans les relations qu'il eut avec
« Toussaint-L'Ouverture qu'il pénétra le secret de son ambi-
« tion. Son courage à la dévoiler lui valut des fers ; mais le
« peuple de Saint-Domingue ne tarda pas à le dédommager
« de cet outrage, en le nommant député au conseil des cinq-
« cents. C'est lui qui, seul ou presque seul contre les parti-
« sans nombreux de Toussaint-L'Ouverture, eut encore le
« courage, en l'an VI, de découvrir le projet d'indépendance
« du général de Saint-Domingue, et de signaler sa perfidie.
« Les soupçons de partialité et de vengeance que les amis de
« Toussaint-L'Ouverture firent planer sur sa tête, ne le dé-
« couragèrent point ; il en écrivit au directoire exécutif : plu-
« sieurs journaux devinrent les dépositaires de ses vives alar-
« mes, et il ne cessa de les publier que lorsqu'il vit les
« préventions si fort armées contre lui, qu'il n'y avait plus que
« du danger pour sa personne, sans aucune utilité pour la
« chose publique, à insister sur ses dénonciations. Cet officier
« noir fut exclu du corps législatif au 18 brumaire ([1]). »

_____

([1]) Histoire de Toussaint-L'Ouverture, etc. par Cousin d'Avalon,
Paris, an x (1802).

Voilà un peu de Mentor; mais ce n'est pas tout. — Créature de Sonthonax, cet homme qui avait épousé toutes les préventions du fougueux jacobin contre les mulâtres, qui, en France, avait intrigué pour empêcher de valider l'élection de Pierre Pinchinat (¹) au corps législatif, expulsé de l'assemblée après le coup d'État de brumaire, gardé sous l'œil de la police, avait cependant trouvé le moyen de s'évader pour Saint-Domingue, en annonçant au ministre de la police qu'il partait pour aller rattacher la colonie à la métropole. Loin de là, il s'efforça d'affermir le pouvoir de Dessalines. Mais homme violent, il ne comprenait pas assez que la puissance ne peut avoir d'autres bases que le respect des droits de tous et le désir de leur bien-être. La conduite qu'il tint dans l'intimité de Boisrond le prouve, et l'empereur, en suivant leurs conseils, courut sur la pente de l'abîme où il périt.

En effet, si l'on en croyait Boisrond et Mentor, un ancien révolutionnaire du pays revenait-il de l'exil? c'était un partisan de Rigaud, il fallait l'incarcérer. Un citoyen se plaignait-il de quelque acte d'injustice? c'était un conspirateur. Poutu, un des anciens secrétaires de Rigaud, Poutu, si intéressant par son instruction et l'urbanité de ses manières tomba sous les coups de la calomnie des deux misérables (²). Une des plus

---

(¹) Pierre Pinchinat naquit à Saint-Marc, le 12 juillet 1746; il fit de brillantes et solides études en France. Il dirigea les premières luttes de ses frères pour conquérir la liberté. Quoique en butte à la haine de Sonthonax, il fut député par la ville des Cayes au corps législatif. Son inadmission au sénat de la métropole décida de son sort. Il mourut à Paris, à l'infirmerie de la Force, le 10 pluviôse an x (30 janvier 1804), emprisonné sur les rapports calomnieux de Rochambeau.

(²) Mort le 10 octobre 1806, à Marchand, dans un duel qu'on lui suscita, sous les yeux de Dessalines. Dessalines, avec une froide cruauté, ordonna que les combattants tirassent jusqu'à ce que mort s'en suivît!..... Au dixième coup de pistolet, Poutu tomba pour ne plus se relever! Sept jours après Dessalines n'était plus...

grandes célébrités de la gloire nationale, Pétion même, fut accusé et dénoncé. — Mais à force de faire voir partout et toujours à un chef des ennemis, on finit par en faire surgir effectivement. Une révolution éclata contre Dessalines. — Le mouvement partit d'une des plus chétives communes de l'Empire d'Haïti, du Port-Salut, bourgade située dans la province du Sud, frontière de la commune même de Torbeck, où Boisrond-Tonnerre était né. Un nègre, Messeroux, juge de paix, le dirigeait. Cette insurrection, conduite comme par la rapidité de l'électricité, arriva dans l'Ouest. L'empereur partit de Marchand avec ses officiers ; parmi eux, l'on comptait Boisrond-Tonnerre et Etienne Mentor. Plein de calme, comme s'il n'avait en rien attenté à la liberté de ses concitoyens, — tant il avait été habitué à entendre dire que la voie funeste où il marchait était la voie salutaire, — Dessalines tomba, le 17 octobre, à neuf heures du matin, sous le feu d'une embuscade, tendue par les généraux Gérin, Pétion et Yayou, au lieu appelé le *Pont-Rouge*, à quelques cents toises du Port-au-Prince.

On peut juger une fois encore, dans ces circonstances, ce que valent les courtisans auxquels les princes se livrent. Boisrond et Mentor ayant échappé à la fusillade, rentrèrent au Port-au-Prince et parcoururent les rues de la ville avec les conjurés, en criant : *Vive la liberté ! le tyran n'est plus !* Mais comme bientôt ces mêmes hommes songèrent à aller rejoindre Christophe dans le Nord, ils furent arrêtés et mis en prison. On dit que Pétion, qui savait tout ce dont Boisrond et Mentor étaient capables, conseilla à Gérin d'ordonner leur mort. — Cette assertion me semble mal fondée. Pétion n'ordonna jamais de répandre le sang de personne. Pourquoi, au contraire, ne pas croire que Boisrond et Mentor s'étaient attiré tant d'inimitiés par leur perfidie, qu'ils périrent sous la colère vengeresse du peuple. N'est-ce pas, en effet, aux conseils de ces deux hommes que le peuple haïtien a jusqu'aujourd'hui attribué tout le mal que commit l'empereur ?

Boisrond, jeté en prison, écrivit sur le mur avec un clou ce quatrain par lequel il tendait à se disculper :

> Humide et froid séjour, fait par et pour le crime,
> Où le crime en riant immole sa victime,
> Que peuvent inspirer tes fers et tes barreaux,
> Quand un cœur pur y goûte un innocent repos (¹) ?

Mais dans la nuit la prison est envahie ; les deux infortunés s'étreignirent dans des embrassements. La tête de Boisrond et de Mentor est demandée. Alors on dit que Mentor se serait écrié dans cet instant de crise : « Mon cher Boisrond, on ne te tue, que parce qu'on me sacrifie. C'est pour dire que cette révolution n'est pas seulement faite contre les noirs. »

Sophisme affreux propagé par le mensonge et accueilli par la crédulité du vulgaire ! Le mulâtre a-t-il voulu jamais en aucun temps du mal aux hommes noirs ? — Il voulut sans doute gouverner Haïti dans des temps où il se croyait généralement plus capable d'en faire le bonheur. Mais il ne le voulut pas à toujours, ni exclusivement, quand il rencontra chez le noir, le cœur, le jugement et les lumières nécessaires au gouvernement. — Alors il était prêt et est prêt encore à lui obéir. Il a pu, sans doute, aussi commettre des fautes, mais jamais sa pensée ne fut criminelle. C'est là un fait qui ressort pour moi de l'examen attentif de l'histoire de ma race. Mais Mentor eût-il tenu le discours qu'on lui prête, on n'en pourrait rien conclure. Cet homme, si justement apprécié par Toussaint et

---

(¹) Le général Lerebours, alors capitaine de cavalerie, professant pour les talents de Boisrond-Tonnerre, presqu'un culte, s'empressa de copier le quatrain et de le faire transcrire sur les murs de son habitation de Château-Blond. C'est donc grâce au général Lerebours que ces vers sont parvenus jusqu'à nous.

par Beauvais (¹), s'aveuglait jusqu'au dernier moment dans sa haine, ou voyant la vérité, il voulut, dans sa rage, jeter ainsi une malédiction contre la patrie, venger sa mort en provoquant, s'il était possible, par ses paroles, la mission parricide qu'à son départ de France il avait promis à nos ennemis de remplir.

Ainsi finirent Boisrond et Mentor, juste fin d'hommes qui, avec des talents et des qualités qu'ils mirent quelquefois au service de la liberté, resteront détestés, parce qu'ils n'ont pas eu le sens moral, qui leur eut donné l'intelligence des nécessités de leur race. Le talent n'est rien sans la noblesse du caractère qui l'élève, sans la pureté des intentions qui le dirigent.

J'ai montré ici l'auteur des *Mémoires* que je réimprime, tel que j'ai cru le voir dans l'histoire. Ai-je forcé la vérité ? Si je l'ai fait, ce n'a pas été ma pensée. — Lorsque Boisrond-Tonnerre conseillait la mort de tant de victimes innocentes, — car les coupables s'étaient embarqués avec Rochambeau, — peut-être ne devrait-on voir en lui qu'un homme passionné par l'ardeur d'une lutte récente, par le souvenir de la cruauté des blancs et de la perfidie de la haute aristocratie coloniale. L'histoire tiendra compte, sans doute, des circonstances qui furent à sa décharge. Mais elle ne pourra pas manquer de dire que s'il fut sincère dans ses opinions, que s'il ne chercha pas seulement la satisfaction de ses passions, — il s'est du moins laissé entraîner à toutes les haines du moment, sans regarder l'avenir, sans voir le terme où ces haines devaient aboutir.

La colère de Boisrond-Tonnerre fit de lui un homme de parti. — Après avoir proscrit les blancs, il devait proscrire les mulâtres et les noirs éclairés. Il ne faillit pas à sa mission. Dans ses *Mémoires*, rend-il justice, comme il le doit, aux

---

(¹) Beauvais le fit expulser de l'arrondissement de Jacmel, où il semait la zizanie entre les nègres et les mulâtres. — Toussaint le fit arrêter et incarcérer au Cap, où il semait encore la zizanie, mais cette fois, entre les nègres et les blancs.

principaux fondateurs de la liberté et de l'indépendance du pays? Aussi ne donnons-nous pas ces *Mémoires* comme la vérité vraie, parce que nous ne voulons pas que des esprits bien intentionnés s'égarent dans la carrière que nous poursuivons. Pour ne parler d'abord que des injustices que Boisrond-Tonnerre a commises, dans ses *Mémoires*, à l'égard des plus grandes illustrations de notre guerre d'indépendance, il semble, en vrai courtisan, élever Dessalines au-dessus de tous ceux qui ont fait briller leur nom à côté de celui de ce chef infortuné. Il oublie le rôle des uns et celui des autres.

Dessalines, par exemple, selon Boisrond, serait supérieur au vieux Toussaint; mais, disons-le hautement, L'Ouverture, dans le peu de jours qu'il lutta pour l'indépendance de son pays, montra des talents et un héroïsme bien supérieurs aux talents et à l'héroïsme de Dessalines. A cette époque, que retrace Boisrond, il est vrai, le vieux Toussaint venait de mourir ignominieusement, laissant des ingrats dans la métropole comme dans la colonie. Dessalines était au contraire tout-puissant, distribuant et faisant distribuer, suivant la bizarrerie de ses caprices souverains, honneurs, dignités, fortune, comme aussi bastonnade et coups de baïonnette. — Il fallait savoir choisir.—Maintenant, où Dessalines montra-t-il quelques réels talents? — Au Haut-du-Cap? Mais, dans cette circonstance, doit-on oublier Capoix, ce valeureux Capoix que Christophe fit mourir si atrocement [1]? Continuons la vérité. C'étaient au Nord Capoix, à l'Ouest Pétion, et au Sud Geffrard qui dirigeaient la sainte croisade de l'indépendance nationale. Dessalines n'était donc pas le seul héros de cette guerre. Il sentait bien plus lui-même son insuffisance morale. Demandez-le à Mme Dessalines, qui vit encore, cette sainte femme, à qui un jour la reconnaissance de toutes les races élèvera une statue;

[1] Capoix fut fusillé aux Fossés-de-Limonade, le 8 octobre 1806, par les ordres de Dessalines, sur les instigations de Christophe. Ce même jour, on prenait les armes dans le Sud contre Dessalines.....

demandez à cette sainte femme, que Christophe outragea sans
motif (¹), si Dessalines n'avait pas, dès le début de la guerre
de l'indépendance, engagé, mais vainement, Pétion à prendre
le commandement général de l'armée indigène.

L'Ouverture semble encore, suivant Boisrond, s'incliner
devant Dessalines ; c'est là un fait controuvé, car Dessalines,
qui faisait trembler tout le monde, tremblait à son tour lui-
même devant Toussaint-L'Ouverture. A ces injustices, Boisrond
ajoute les erreurs : il établit, par exemple, une conférence
entre Dessalines et Pétion, au bourg de la Petite-Anse, près
du Cap, où Pétion ne campa jamais. Cette conférence eut lieu
effectivement, mais à Plaisance ; elle avait pour but de prépa-
rer les voies de l'indépendance.

Boisrond-Tonnerre, emporté par la fougue de son caractère,
détestait tout ce qui gênait son allure, tout ce qui n'entrait
pas dans le petit cercle de ses goûts. S'il put s'établir injuste
envers Toussaint-L'Ouverture, injuste envers Pétion ; s'il put
se faire le dénonciateur de tant de ses concitoyens, que peut-
on attendre de lui en faveur du blanc ? A ce mot, je le pres-
sens, beaucoup d'hommes de ma peau vont se récrier. Mais
qu'il me soit permis de m'exprimer et de m'étendre même
sur ce point : je n'appartiens à aucune caste, à aucune secte,
à aucun temple, à aucune chapelle ; par la seule raison que je
ne comprends pas le système exclusif des terroristes français
de 1793, je ne comprends pas davantage le système des
hommes de ma race qui représentent les idées de Boisrond.

J'accuse devant la Providence, devant l'humanité, devant
l'aréopage du siècle assemblé, Boisrond-Tonnerre d'avoir jeté
dans Haïti tous les germes de l'antagonisme des classes, des
races, de la misère publique et des larmes que nous avons vues

(¹) Christophe devenu roi la força de s'agenouiller devant lui,
comme devant son seigneur et maître.

couler. N'est-ce pas, en effet, selon moi, à lui que remonte la responsabilité de l'exclusion de la race européenne consacrée par toutes les lois de notre forum? Or, où a mené chez nous l'exclusion entière des blancs? Il avait dit : « *Commençons par les Français !* il eût, plus tard, poussé au massacre des Anglais... Pouvons-nous nier, cependant, qu'admise dans de certaines proportions, la race blanche n'eût été parmi nous, et sans aucun danger, un élément de civilisation et de bien-être général? J'ai donc raison de combattre les idées de Boisrond, dont la politique, poussée dans ses conséquences, diviserait éternellement le genre humain en catégories stupides et sauvages. Dans cette politique est l'ajournement indéterminé des progrès de notre race, sa déchéance et sa ruine. Que pouvons-nous enfin craindre des autres nations, nous enfants de ces Spartacus qui obligèrent à capituler les meilleurs et les plus terribles soldats de l'Europe? Avons-nous réellement tant dégénéré de nos pères qu'au mot d'indépendance, de liberté et d'égalité, il ne puisse surgir de nos sillons assez de défenseurs du sol national pour disperser tous ceux qui oseraient attenter à nos droits? Et bien fou, comme bien criminel, le gouvernement étranger qui s'y frotterait. Alors, pourquoi suivre la politique inaugurée par Boisrond-Tonnerre? L'exclusion des blancs pouvait avoir une apparence de raison, tant que notre indépendance n'avait pas été reconnue, tant que nous n'étions pas considérés par les peuples européens comme une nation ayant ses représentants et ses consuls à l'étranger.

De tout temps, les peuples les moins avancés en civilisation ont appelé dans leur sein des hommes de nations qui leur étaient supérieures et qui les ont initiés, soit aux arts, soit aux lettres, soit à l'industrie. L'Angleterre n'a-t-elle pas appelé des ouvriers français et des flamands? La France n'a-t-elle pas appelé des artistes italiens et des savants grecs? La Russie n'appelle-t-elle pas aujourd'hui des savants, des artistes, des industriels de toutes les nations, pour s'élever aussi, — progressivement, — au degré de civilisation qui appartient à son rang comme nation ?—Il est donc reconnu qu'un peuple ne se forme pas de lui-même et sans le secours de l'étranger. Or, placés dans une île, éloignés, par le fait de la nature, de toute communication avec les autres peuples, devons-nous nous isoler davantage par un système mal entendu d'exclusivisme? Mais, ce serait là avouer la déchéance de notre individualité humaine. Proclamons au contraire, pour tout l'archipel américain, qu'il est une loi ainsi faite par la nature, que les races ne s'améliorent qu'en se croisant, que le bien-être ne s'accroît que par le commerce libre, que les intelligences ne s'enrichissent que par l'échange des idées, que les populations ne deviennent plus polies que par le contact les unes des autres. — Nous refuserons-nous à cette loi?—La marche que nous avons déjà faite dans la civilisation nous a-t-elle donc coûté si peu de sueurs, de larmes, de sang, que nous dussions y renoncer? Après avoir tant dépensé de fatigues et de labeur, devons-nous renoncer aux bénéfices de la moisson? Devons-nous nous refuser à notre droit de cité dans cet Eden futur où toutes les races communieront dans l'accomplissement du même devoir, sous la protection du même droit? C'est là cependant que doit mener le système d'exclusion de Boisrond-Tonnerre. Aussi le réprouvons-nous de toute notre conscience et dans l'intérêt social de la race noire à laquelle nous appartenons. Ce système, en continuant un antagonisme funeste entre les membres de l'humanité, — qui sont tous solidaires les uns des autres, — retarderait le développement moral et intellectuel des hommes qui portent un front nègre comme moi. Il éloignerait l'industrie, les sciences, les arts, les principes du droit, les dogmes religieux, enfin toutes les notions salutaires que la civilisation inculque dans le cœur des hommes. J'ai formulé, mon avis, en termes explicites, car à quoi bon taire la vérité, à quoi bon mettre la lumière sous le boisseau ? Ce ne serait pas en nous tenant dans le mutisme qu'on pourrait rendre solubles les graves et formidables questions qui s'agitent par delà l'Atlantique. — Quoi qu'il en soit, il serait beau à tous les potentats qui règnent par eux-mêmes ou par leurs gouverneurs, dans l'Amérique, de marcher à l'unité des races avec suite, prudence et résolution, afin d'effacer toutes les plaies qui saignent et d'empêcher qu'il y en ait qui s'entr'ouvrent à l'avenir. Plus de haine de castes, plus de divisions ; que ces pauvres peuples qui habitent l'Amérique vivent en bonne intelligence avec les peuples des autres parties du monde.

S. M. Faustin Ier est digne de comprendre ces vérités. Elle nous a donné la paix, elle peut nous donner le bonheur.

N'en déplaise à l'ombre de Boisrond. Ces idées exprimées, le caractère de cet homme, remarquable à divers titres, retracé, ses erreurs montrées, le lecteur peut, sans danger, ouvrir ses œuvres ; il pourra alors les discuter : nous nous fions au cœur et à la justice de nos concitoyens.

Ici, je me dois à moi-même de déclarer que j'ai respecté dans la réimpression des travaux de Boisrond, jusqu'à sa ponctuation, et qu'à l'exception d'une seule note, toutes les autres qui se trouvent au bas des *Mémoires* lui appartiennent en propre.

J'ajoute aussi que la traduction des passages italiens qui se trouvent dans les *lettres* est de l'éditeur.

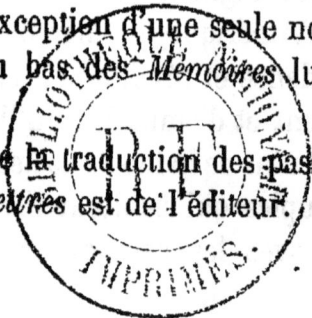

ARMÉE INDIGÈNE.

Procès-verbal de la proclamation de l'indépendance d'Haïti.

LIBERTÉ OU LA MORT.

ARMÉE INDIGÈNE.

An premier de l'indépendance.

Aujourd'hui, premier janvier mil huit cent quatre, le général en chef de l'armée indigène, accompagné des généraux, chefs de l'armée, convoqués à l'effet de prendre les mesures qui doivent tendre au bonheur du pays.

Après avoir fait connaître aux généraux assemblés, ses véritables intentions d'assurer à jamais aux indigènes d'Haïti, un gouvernement stable, objet de sa plus vive sollicitude; ce qu'il a fait par un discours qui tend à faire connaître aux puissances étrangères, la résolution de le rendre indépendant, et de jouir d'une liberté consacrée par le sang du peuple de cette île; et après avoir recueilli les avis, a demandé que chacun des généraux

1

assemblés prononçât le serment de renoncer à jamais à la France, de mourir plutôt que de vivre sous sa domination, et de combattre jusqu'au dernier soupir pour l'indépendance.

Les généraux, pénétrés de ces principes sacrés, après avoir donné d'une voix unanime leur adhésion au projet bien manifesté d'indépendance, ont tous juré *à la posterité, à l'univers entier, de renoncer à jamais à la France et de mourir plutôt que de vivre sous sa domination.*

Fait aux Gonaïves, ce 1er janvier 1804, et le 1er jour de l'indépendance d'Haïti.

Signés : DESSALINES, général en chef; CHRISTOPHE, PÉTION, CLERVAUX, GEFFRARD, VERNET, GABART, généraux de division; P. ROMAIN, E. GÉRIN, F. CAPOIX, DAUT, Jean-Louis FRANÇOIS, FÉROU, CANGÉ, L. BAZELAIS, Magloire AMBROISE, J.-J. HERNE, Toussaint BRAVE, YAYOU, généraux de brigade; BONNET, F. PAPALIER, MORELLY, CHEVALLIER, MARION, adjudants-généraux; MAGNY, ROUX, chefs-de-brigade; CHARAIRON, B. LORET, QUENÉ, MARKAJOUX, DUPUY, CARBONNE, DIAQUOI aîné, J. RAPHAEL, MALET, DERÉNONCOURT, officiers de l'armée; et BOISROND-TONNERRE, secrétaire.

Le Général en chef au peuple d'Haïti.

Citoyens,

Ce n'est pas assez d'avoir expulsé de votre pays les barbares qui l'ont ensanglanté depuis deux siècles; ce n'est pas assez d'avoir mis un frein aux factions toujours renaissantes qui se jouaient tour à tour du fantôme de liberté que la France exposait à vos yeux ; il faut par un dernier acte d'autorité nationale, assurer à jamais l'empire de la liberté dans le pays qui nous a vus naître ; il faut ravir au gouvernement inhumain qui tient depuis longtemps nos esprits dans la torpeur la plus humiliante tout espoir de nous réasservir ; il faut enfin vivre indépendants ou mourir.

Indépendance ou la mort..... Que ces mots sacrés nous rallient, et qu'ils soient le signal des combats et de notre réunion.

Citoyens, mes compatriotes, j'ai rassemblé dans ce jour solennel ces militaires courageux, qui, à la veille de recueillir les derniers soupirs de la liberté, ont prodigué leur sang pour la sauver ; ces généraux qui ont guidé vos efforts contre la tyrannie, n'ont point encore assez fait pour votre bonheur..... Le nom français *lugubre* encore nos contrées.

Tout y retrace le souvenir des cruautés de ce peuple barbare ; nos lois, nos mœurs, nos villes, tout encore porte l'empreinte française ; que dis-je, il existe des Français dans notre île, et vous vous croyez libres et indépendants de cette république qui a combattu toutes les nations, il est vrai ; mais qui n'a jamais vaincu celles qui ont voulu être libres.

Eh quoi ! victimes pendant quatorze ans de notre crédulité et de notre indulgence ; vaincus, non par des armées françaises, mais par la pipeuse éloquence des proclamations de leurs agents ; quand nous lasserons-nous de respirer le même air qu'eux. Qu'avons-nous de commun avec ce peuple bourreau ? Sa cruauté comparée à notre patiente modération ; sa couleur à la nôtre, l'étendue des mers qui nous séparent, notre climat vengeur, nous disent assez qu'ils ne sont pas nos frères, qu'ils ne le deviendront jamais, et que s'ils trouvent un asile parmi nous, ils seront encore les machinateurs de nos troubles et de nos divisions.

Citoyens indigènes, hommes, femmes, filles et enfants, portez vos regards sur toutes les parties de cette île ; cherchez-y, vous, vos épouses, vous, vos maris, vous, vos frères, vous, vos sœurs ; que dis-je, cherchez-y vos enfants, vos enfants à la mamelle ? Que sont-ils devenus... Je frémis de le dire... La proie de ces vautours. Au lieu de ces victimes intéressantes, votre œil consterné n'aperçoit que leurs assassins ; que les tigres dégouttants encore de leur sang, et dont l'affreuse présence vous reproche votre insensibilité et votre coupable lenteur à les venger. Qu'attendez-vous pour apaiser leurs mânes ; songez que vous avez voulu que vos restes reposassent auprès de ceux de vos pères, quand vous avez chassé la tyrannie ; descendrez-vous dans leurs tombes sans les avoir vengés ? Non, leurs ossements repousseraient les vôtres.

Et vous hommes précieux, généraux intrépides qui, insensibles à vos propres malheurs, avez ressuscité la liberté en lui prodiguant tout votre sang ; sachez que vous n'avez rien fait, si vous ne donnez aux nations un exemple terrible, mais juste, de la vengeance que doit exercer un peuple fier d'avoir recouvré sa liberté, et jaloux de la maintenir; effrayons tous ceux qui oseraient tenter de nous la ravir encore : commençons par les Français...,..

Qu'ils frémissent en abordant nos côtes, sinon par le souvenir des cruautés qu'ils y ont exercées, au moins par la résolution terrible que nous allons prendre, de dévouer à la mort quiconque, né Français, souillerait de son pied sacrilége le territoire de la liberté.

Nous avons osé être libres, osons l'être par nous-mêmes et pour nous-mêmes; imitons l'enfant qui grandit : son propre poids brise la lisière, qui lui devient inutile et l'entrave dans sa marche. Quel peuple a combattu pour nous? quel peuple voudrait recueillir les fruits de nos travaux? Et quelle déshonorante absurdité que de vaincre pour être esclaves. Esclaves!..... Laissons aux Français cette épithète qualificative; ils ont vaincu pour cesser d'être libres.

Marchons sur d'autres traces, imitons ces peuples qui, portant leurs sollicitudes jusque sur l'avenir, et appréhendant de laisser à la postérité l'exemple de la lâcheté, ont préféré être exterminés que rayés du nombre des peuples libres.

Gardons-nous cependant que l'esprit de prosélytisme ne détruise notre ouvrage; laissons en paix respirer nos voisins, qu'ils vivent paisiblement sous l'égide des lois qu'ils se sont faites, et n'allons pas, boutes-feu révolutionnaires, nous érigeant en législateurs des Antilles, faire consister notre gloire à troubler le repos des îles qui nous avoisinent : elles n'ont point, comme celle que nous habitons, été arrosées du sang innocent de leurs habitants ; ils n'ont point de vengeance à exercer contre l'autorité qui les protége.

Heureuses de n'avoir jamais connu les fléaux qui nous ont détruits, elles ne peuvent que faire des vœux pour notre prospérité.

Paix à nos voisins, mais anathème au nom français, haine éternelle à la France : voilà notre cri.

Indigènes d'Haïti ! mon heureuse destinée me réservait à être un jour la sentinelle qui dût veiller à la garde de l'idole à laquelle vous sacrifiez : j'ai veillé, combattu, quelquefois seul, et si j'ai été assez heureux que de remettre en vos mains le dépôt sacré que vous m'avez confié, songez que c'est à vous maintenant à le conserver. En combattant pour votre liberté, j'ai travaillé à mon propre bonheur. Avant de la consolider par des lois qui assurent votre libre individualité, vos chefs, que j'assemble ici, et moi-même, nous vous devons la dernière preuve de notre dévouement.

Généraux, et vous, chefs, réunis ici près de moi pour le bonheur de notre pays, le jour est arrivé, ce jour qui doit éterniser notre gloire et notre indépendance.

S'il pouvait exister parmi nous un cœur tiède, qu'il s'éloigne et tremble de prononcer le serment qui doit nous unir.

Jurons à l'univers entier, à la postérité, à nous-mêmes, de renoncer à jamais à la France, et de mourir plutôt que de vivre sous sa domination ; de combattre jusqu'au dernier soupir pour l'indépendance de notre pays.

Et toi, peuple trop longtemps infortuné, témoin du serment que nous prononçons, souviens-toi que c'est sur ta constance et ton courage que j'ai compté quand je me suis lancé dans la carrière de la liberté pour y combattre le despotisme et la tyrannie, contre lesquels tu luttais depuis quatorze ans ; rappelle-toi que j'ai tout sacrifié pour voler à ta défense, parents, enfants, fortune, et que maintenant je ne suis riche que de ta liberté ; que mon nom est devenu en horreur à tous les peuples qui veulent l'esclavage, et que les despotes et les tyrans ne le prononcent qu'en maudissant le jour qui m'a vu naître ; et si jamais tu refusais ou recevais en murmurant les lois que le génie qui veille à tes destins me dictera pour ton bonheur, tu mériterais le sort des peuples ingrats.

Mais loin de moi cette affreuse idée ; tu seras le soutien de la liberté que tu chéris, l'appui du chef qui te commande.

Prête donc entre ses mains le serment de vivre libre et indépendant, et de préférer la mort à tout ce qui tendrait à te remettre sous le joug. Jure enfin de poursuivre à jamais les traîtres et les ennemis de ton indépendance.

Fait au quartier-général des Gonaïves, le 1er janvier 1804, l'an 1er de l'indépendance.

Signé : J.-J. DESSALINES.

Acte de nomination du général en chef au gouvernement-général d'Haïti.

AU NOM DU PEUPLE D'HAÏTI.

Nous généraux en chefs des armées de l'île d'Haïti, pénétrés de reconnaissance des bienfaits que nous avons éprouvés du général en chef, Jean-Jacques Dessalines, le protecteur de la liberté dont jouit le peuple.

Au nom de la liberté, au nom de l'indépendance, au nom du peuple qu'il a rendu heureux, nous le proclamons gouverneur-général, à vie, d'Haïti ; nous jurons d'obéir aveuglément aux lois émanées de son autorité, la seule que nous reconnaîtrons : nous lui donnons le droit de faire la paix, la guerre, et de nommer son successeur.

Fait au quartier-général des Gonaïves, ce 1er janvier 1804, et le 1er jour de l'indépendance.

Signés : GABART, P. ROMAIN, J. HERNE, CAPOIX, CHRISTOPHE, GEFFRARD, E. GÉRIN, VERNET, PÉTION, CLERVAUX, Jean-Louis FRANÇOIS, CANGÉ, FÉROU, YAYOU, Toussaint BRAVE, Magloire AMBROISE, Louis BAZELAIS.

ACTE

d'acceptation par le gouverneur-général de sa nomination à la dignité impériale.

LIBERTÉ OU LA MORT.

A Dessalines (¹), le 15 février 1804, an premier de l'indépendance.

Le gouverneur-général d'Haïti aux généraux de l'armée et aux autorités civiles et militaires, organes du peuple.

Citoyens, si quelque considération justifie à mes yeux le titre auguste que votre confiance me décerne, ce n'est que mon zèle sans doute à veiller au salut de l'empire et ma volonté à consolider notre entreprise, entreprise qui donnera de nous aux nations les moins amies de la liberté, non l'opinion d'un ramas d'esclaves, mais celle d'hommes qui *prédilectent* leur indépendance au préjudice de cette considération que les puissances n'accordent jamais aux peuples qui, comme nous, sont les artisans de leur propre liberté, qui n'ont pas eu besoin de mendier les secours étrangers pour briser l'idole à laquelle nous avons tant sacrifié.

(¹) Autrement dit Marchand, situé dans la plaine de l'Artibonite, chef-lieu de l'empire de Dessalines.

Cette idole, comme Saturne, dévorait ses enfants, et nous l'avons foulée aux pieds; mais n'effaçons pas ces souvenirs; rappelons-nous que la *récense* de nos infortunes a été imprimée dans nos âmes; elles seront des préservatifs puissants contre les surprises de nos ennemis et nous prémuniront contre toute idée de leur indulgence à notre égard.

Si les passions sobres font les hommes communs, les semi-mesures arrêtent la marche rapide des révolutions; puisque donc vous avez jugé qu'il était de l'intérêt de l'Etat que j'acceptasse le rang auquel vous m'élevez, en m'imposant ce nouveau fardeau, je ne contracte aucune nouvelle obligation envers mon pays; dès longtemps je lui ai fait tous les sacrifices; mais je sens qu'un devoir plus grand, plus saint me lie; je sens, dis-je, que je dois conduire rapidement notre entreprise à son but, et par des lois sages, mais indulgentes pour nos mœurs, faire que chaque citoyen marche dans la liberté, sans nuire aux droits des autres et sans blesser l'autorité qui veille aux bonheur de tous.

En acceptant enfin ce fardeau, aussi onéreux qu'honorable, c'est me charger de la somme du bien et du mal qui résultera de mon administration; mais n'oubliez pas que c'est dans les temps les plus orageux que vous m'avez confié le gouvernail du vaisseau de l'État.

Je suis soldat; la guerre fut toujours mon partage, et tant que l'acharnement, la barbarie et l'avarice de nos ennemis les porteront sur nos rivages, je justifierai votre choix; et combattant à votre tête, je prouverai que le titre de votre général sera toujours honorable pour moi.

Le rang suprême auquel vous m'élevez, m'apprend que je suis devenu le père de mes concitoyens dont j'étais le défenseur. Mais que le père d'une famille de guerriers ne laisse jamais reposer l'épée, s'il veut transmettre sa bienveillance à ses descendants et les apprivoiser avec les combats.

C'est à vous, généraux et militaires, qui monterez après moi au rang suprême que je m'adresse ; heureux de pouvoir transmettre mon autorité à ceux qui ont versé leur sang pour la patrie ; je renonce, oui, je renonce à l'usage injuste de faire passer ma puissance dans ma famille.

Je n'aurai jamais égard à l'ancienneté, quand les qualités requises pour bien gouverner ne se trouveront pas réunies dans le sujet ; souvent la tête qui recèle le feu bouillant de la jeunesse, contribue plus efficacement au bonheur de son pays que la tête froide et expérimentée du vieillard qui temporise dans les moments où la témérité est seule de saison. C'est à ces conditions que je suis votre empereur, et malheur à celui qui portera sur les degrés du trône élevé par vous, d'autres sentiments que ceux d'un père de famille.

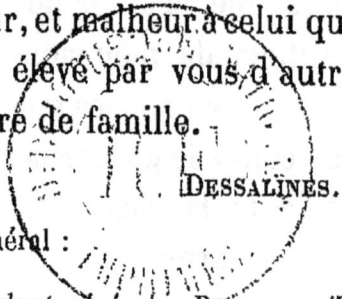

DESSALINES.

Par le gouverneur-général :

L'adjudant-général BOISROND-TONNERRE.

MÉMOIRES

POUR SERVIR A

L'HISTOIRE D'HAÏTI.

AN PREMIER DE L'INDÉPENDANCE.

Avant de retracer le tableau des scènes d'horreur
exécutées à Saint-Domingue, par cet amas d'immondi-
ces connus sous les dénominations de capitaine-général, de préfets, de sous-préfets, d'ordonnateurs, de vice-
amiraux français, je dois prévenir qu'il n'est pas un
fait, pas un crime, pas une action mentionnés dans cet
ouvrage, qui ne porte avec soi le caractère de la plus
grande véracité. Je ne rappelle que la courte, mais
malheureusement trop longue époque du séjour de ces
monstres à Saint-Domingue, et déjà ma plume est ef-
frayée du nombre de crimes qu'elle doit tracer. Car,
qui ne frémirait de penser que moins de deux ans a
suffi aux satellites d'un Corse, pour renouveler la barbarie des Espagnols contre les Indiens, les atrocités du
règne de Robespierre, les cruelles exécutions inventées
par Carrier et les horribles expéditions des chauffeurs,
si le caractère féroce du tyran au nom duquel se
commettaient ces crimes, n'avait pressenti toutes les

eux seuls pourront concevoir qu'il existe des cannibales d'une espèce aussi monstrueuse que la leur ; eux seuls sauront que j'ai dit la vérité, et que si les couleurs manquent à mon tableau, c'est qu'elles sont trop fortes pour ma faible plume.

On ne la taxera pas, cette plume, de vénalité, elle ne sera pas accusée d'être guidée par la partialité ; tous les faits que contiennent ces mémoires doivent entrer au domaine de l'histoire que nous transmettrons à notre postérité.

Puisse-t-elle, plus heureuse que nous, ne connaître des Français que le nom et ne lire l'histoire de nos dissensions et de nos fautes, que comme un songe que son bonheur efface !

Je passerai rapidement sur les événements qui ont précédé de quelques mois l'arrivée des Français à Saint-Domingue, pour rassembler, s'il m'est possible, tous les faits qui achèveront de dévoiler leurs perfidies aux yeux des nations courbées sous leur joug de fer.

L'ex-gouverneur, Toussaint-L'Ouverture, jouissait depuis environ quinze mois de la tranquillité qu'il avait procurée à l'île par la pacification du Sud et de la conquête de Santo-Domingo, que le président don Joachim Garcia avait d'abord refusé de lui remettre aux termes du traité de Bâle ; il venait de publier sa constitution qui donnait des lois au pays, en attendant que la paix, dont on prévoyait déjà l'approche, permît à la France de s'occuper de ses colonies et prononçât définitivement sur le sort de leurs habitants.

âmes sensibles sur le sort qui attendait à Saint-Domingue la population entière de cette malheureuse île, le point de mire de tous les tyrans, des intrigants et du plus vil rebut de la France?

Eh! quoi, me suis-je dit mille fois avant d'entreprendre cet ouvrage, le répertoire des crimes des Français, quel être pourra ajouter foi aux vérités que je trace? quelle âme sensible, même après avoir vécu dans les orages de la révolution, pensera que les Français eussent à renchérir sur leurs crimes dans la plus belle comme dans la plus infortunée de leurs possessions d'outre-mer?

Comment persuader aux nations que la contagion française n'a pas encore gagnées, qu'un tyran usurpateur du trône de son maître, qui ne fonde sa puissance que sur la liberté et l'égalité, qui s'institue le restaurateur des mœurs et de la religion, ait décrété de sang-froid le massacre d'un million d'hommes, qui ne veulent que la liberté et l'égalité; qu'ils défendront contre l'univers entier?

Comment dire qu'une nation qui de tout temps s'est montrée l'ennemie acharnée des Espagnols, ait fait servir les chiens à dévorer les malheureuses victimes de son astuce? Comment dire que l'ennemie de l'inquisition ait la première introduit les auto-da-fé républicains dans la malheureuse contrée d'où elle avait juré d'expulser les Espagnols?

Non, je ne serai cru que par ce ramas de vils assassins qui ont exercé leurs fureurs sur mes compatriotes;

La nouvelle de la paix ne tarda pas à être confirmée par les papiers anglais et par les réjouissances qui eurent lieu chez nos voisins les Jamaïquains; nous les imitâmes, et sans réfléchir que cette paix était le signal de notre destruction, nous illuminâmes avec pompe nos villes, présage trop certain de l'incendie qui devait bientôt les consumer.

Les Européens et autres blancs qui entouraient à cette époque Toussaint-L'Ouverture, calculant chacun suivant que son intérêt lui commandait, remuaient tout; les uns pour l'engager à penser aux moyens de défense contre la France, les autres (et ce furent les plus opulents) tournaient ses vues vers les honneurs et les récompenses qui l'attendaient, s'il remettait entre les mains des agents français une colonie florissante comme Saint-Domingue l'était alors ; mais toujours imperturbable dans ses projets, impénétrable aux plus éclairés de ses conseils, Toussaint n'en donnait pas moins des ordres secrets à ses généraux de se tenir sur leurs gardes, de songer à faire une vigoureuse défense, de s'opposer au débarquement des Français et d'incendier les villes dans le cas où il ne serait pas possible de leur résister.

Ce plan de défense entrait pleinement dans les vues du général de division Dessalines qui commandait alors supérieurement les deux départements de l'Ouest et du Sud.

Ce chef, l'âme de ses armées, son constant soutien, son conseil, son bras droit, dès les premières époques de la révolution , l'avait plusieurs fois sauvé dans les plaines du nord, lorsqu'il n'était encore considéré que comme chef des noirs révoltés.

Parvenu depuis au grade de général auquel l'avait promu le directoire en l'an IV, il avait rétabli la discipline parmi les troupes, fait constamment la guerre aux Anglais, repris sur eux plusieurs places, fait évacuer le Mirebalais, et avait enfin le plus coopéré à l'évacuation des villes par les troupes anglaises.

Toussaint ne devait qu'à ce général seul ses succès et la réduction du Sud, qui devenait le tombeau de ses troupes, sans la discipline que Dessalines sut introduire parmi elles, et sans l'exemple qu'il leur donna en se jetant dans les rangs et en combattant à leur tête.

Sans ambition, modeste et aveuglément obéissant aux ordres de son chef, il se sentait né pour la guerre, la faisait en soldat heureux et la terminait en héros (1).

Toussaint connaissait sa haine pour les blancs, sa méfiance contre les Français, depuis l'embarquement du général-agent Hédouville, et son aversion prononcée pour tout ce qui favorisait la tyrannie métropolitaine.

Ce fut donc sur ce général qu'il compta le plus pour le seconder dans les mesures qu'il était décidé à prendre pour s'opposer au débarquement des Français.

---

(1) Témoin la modération avec laquelle il traita les habitants du Sud après la pacification de ce département ; des ordres supérieurs seuls ont pu lui faire verser du sang, mais combien de jeunes gens ne sauva-t-il pas en les incorporant dans la demi-brigade dont il avait été colonel. Ceux-là l'ont presque tous trahi et abandonné à l'arrivée des roupes françaises.

Quelques avis secrets venus d'Europe ne l'avaient déjà que trop bien instruit sur le sort qui attendait ses compatriotes, et j'ose assurer que si, sourd aux insinuations astucieuses des prêtres et des colons émigrés qui l'entouraient, Toussaint n'eût consulté que ses officiers-généraux, les Français eussent été contraints de renoncer à la conquête du pays ou de se tenir sur les vaisseaux qui les avaient apportés ; mais il fut décidé que nous devions acheter par la perte de vingt mille hommes l'expérience la plus cruelle et notre indépendance.

Dans les premiers jours de pluviôse an x, Toussaint-L'Ouverture était à Santo-Domingo où il organisait les troupes qu'il avait confiées au général Paul-L'Ouverture, son frère, commandant en chef la partie ci-devant espagnole, lorsqu'il apprit l'arrivée de la flotte française aux ordres de l'amiral Villaret-Joyeuse. Le général H. Christophe, qui commandait au Cap, lui mandait le 14, que l'escadre était mouillée en partie sous Picolet, qu'il attendait ses ordres, sans lesquels il ne la recevrait qu'à coups de canon, qu'il avait fait tirer sur un bâtiment léger qui était déjà mouillé dans la rade et envoyé par un officier du port sa déclaration au général commandant les forces de terre, pour lui annoncer que sa résolution était prise de tout incendier s'il persistait à rentrer avant l'arrivée des ordres qu'il attendait. —

Toussaint part, se rend avec sa vitesse accoutumée aux environs du Cap, rallume l'incendie, soulève les ateliers et se dispose à porter les mêmes ravages dans l'Ouest où la division du vice-amiral Latouche-Tréville avait paru ; là, les troupes, sous les ordres du général de division Boudet, avaient opéré leur débarquement aux environs de Port-au-Prince ; mais avant de faire les approches de la place, il fallut que ses troupes s'emparassent du fort Bizoton situé à une lieue de la ville, poste d'autant plus important qu'il était maître de la rade et pouvait en peu d'instants couler les vaisseaux. A l'apparition de l'escadre, la garnison de ce fort n'était composée que d'une trentaine d'hommes, elle fut renforcée de six cents hommes de la 13e demi-brigade, commandés par le chef de bataillon Bardet, jeune homme de couleur, qui, depuis la réduction du Sud où il avait servi dans le parti de Rigaud, était considéré au Port-au-Prince. Il fut facile à cet officier de gagner en peu d'instants une troupe qu'il avait commandée dans la guerre de parti, troupe mécontente et conservant d'anciens ressentiments contre le gouvernement de Toussaint-L'Ouverture.

Les troupes françaises parurent et firent entendre les cris de : vive la république! vive la liberté et l'égalité ! Bardet voulut aller en personne les reconnaître, et sur les représentations qu'on lui fit, il envoya au-devant d'elles un capitaine noir nommé Séraphin, ancien officier de la légion de l'Ouest, avec lequel il avait concerté sa trahison. Séraphin fut accueilli avec tous les dehors de la fraternité française, fit le signal convenu avec Bardet et, avant que la garnison pût se reconnaître, les Français étaient maîtres du fort.

La conduite de Bardet me conduit naturellement à

faire une remarque qui n'est pas hors d'œuvre et qui
prouvera ce que peuvent et la guerre civile et les suites
qu'elle entraîne après elle. Si les Français avaient bien
calculé leur plan d'atrocités, qu'ils décorent du nom de
politique, ils eussent opéré dans un des ports du Sud,
le débarquement de quelques centaines d'hommes qui
eussent infailliblement gagné les forces de ce département,
alors le foyer des dissensions et qui conservait le ressentiment de la soumission à laquelle il venait récemment
d'être forcé. La presque totalité de la population avait ou
croyait avoir la mort de quelques proches à venger ; elle
mettait sur le compte de Toussaint-L'Ouverture tous les
malheurs arrivés pendant le cours de la guerre que
l'ambition d'un chef et la politique raffinée des blancs
avait suscitée dans le Sud. Les Français eussent été ac-
cueillis et reçus comme des libérateurs, et des malheureux qui ne respiraient que la soif de la vengeance, auraient livré au poignard des Français des têtes qu'avait
épargnées la clémence de Toussaint-L'Ouverture. Heureusement il était encore décidé que ce département
respirerait et ferait son profit de la conduite que le gouvernement tiendrait à l'égard des autres.

Après s'être rendu maître de Bizoton, Boudet expédie
un de ses aides de camp chargé de porter à l'officier
commandant le poste de la ville, des paroles de paix, de
le prévenir qu'au cas où il refuserait de lui en ouvrir les
portes, il allait se disposer à y entrer de vive force.

La trahison de Bardet, loin d'être imitée par les troupes de la garnison, pénétra d'indignation le brave et

malheureux Lamartinière, chef du 3ᵉ bataillon de la 3ᵉ
demi-brigade, qui ordonna de faire feu sur l'escadre et
les troupes débarquées (¹). Cet officier, rempli d'honneur, avait été obligé de prendre le commandement sur
le général Agé, européen, chef de l'état-major, homme
faible et tellement adonné au vin qu'il n'était guère
possible de compter sur lui dans une affaire sérieuse.
D'ailleurs Lamartinière avait assez de sens pour juger
que dans une pareille conjoncture, la reconnaissance
pour les bienfaits qu'Agé avait reçus de Toussaint-L'Ouverture blanchirait devant l'attachement qu'il devait nécessairement à ses compatriotes (²) ; il se défendit donc
en homme de cœur ; mais il jugea bien qu'après la prise
de Bizoton, la défection du bataillon de la 13ᵉ, sa défense était inutile et que les Français en force s'empare-
raient de la place. Il l'évacua et gagna la Croix-des-
Bouquets, bourg situé à trois lieues de Port-au-Prince,
suivi d'un bataillon de la garde d'honneur de Toussaint-
L'Ouverture, d'un escadron de ses guides et de quelques
troupes débandées qui n'avaient pas pris part à la trahison de la 13ᵉ. Les Français entrèrent, ayant à leur
tête le bataillon de Bardet, et livrèrent au pillage le
plus complet une ville où ils n'eussent trouvé que des
cendres, si le général de division Dessalines avait eu le

(¹) L'infortuné a été assassiné par les siens mêmes.
(²) Grâce à la révolution, le caractère français est tellement connu
que ce serait déraisonner que de penser qu'il puisse trahir ses compatriotes, à moins qu'il ne soit payé ; de l'or, voilà son dieu, sa patrie et ses amis.

vré cette place et envoyé à Jacmel pour persuader à
Dieudonné d'arrêter Dessalines ; prévenu à temps par
l'espion qui lui était désigné, Dessalines renvoya le
traître avec ordre de mander au commandant du Petit-
Goâve qu'il payerait tôt ou tard sa lâcheté. Il repart avec
ses cent cinquante grenadiers, traverse les montagnes,
parle aux cultivateurs, n'en est pas écouté, il court pendant tout le trajet les risques d'être arrêté, il se voit
obligé de faire feu sur les rassemblements qui n'avaient
lieu que pour s'emparer de lui. Il arrive heureusement
à la Croix-des-Bouquets trois jours après en être parti,
fait défiler ses troupes sur le Cahos, décidé à s'y maintenir.

Dans le Nord, les affaires n'étaient pas meilleures que
dans l'Ouest ; le 14 pluviôse, le capitaine de vaisseau
Magon ayant à bord de sa division les troupes sous les
ordres du général Rochambeau, s'était emparé du Fort-
Dauphin et marchait sur le Cap, par les hauteurs de
Sainte-Suzanne, de la Grande-Rivière et du Dondon.

Il eût été prudent d'opérer le débarquement au Cap,
mais les troupes embarquées sur la division du capitaine
de vaisseau Magon débarquèrent au Port-Margot, distant

France, d'où il s'est évadé avec ceux qui avaient abandonné leur
parti, après avoir été destiné à servir dans le corps des pionniers
noirs qui est à Mantoue et que Bonaparte destine sans doute à venir
couper nos bananiers, lorsqu'il ordonnera une nouvelle expédition
contre Saint-Domingue. J'ai vu cet officier, il paraît ne pas plus ajouter foi aux promesses du gouvernement français qu'à la considération
dont jouissent les traîtres. Il pense avec raison que quoique nous ne
vivions plus sous l'ancien régime, il y a sous Bonaparte, comme sous
Louis XVI, de l'eau bénite de cour.

— 23 —

temps de s'y jeter. Ce général était à Saint-Raphaël, partie espagnole, lors de l'arrivée de l'escadre. Averti trop tard, il ne mit que vingt-quatre heures à se rendre dans la plaine du Cul-du-Sac où il apprit la prise du Port-au-Prince.

Voyant que ses ordres n'avaient pas été exécutés, il se rend à la Croix-des-Bouquets, rallie les troupes qu'il peut trouver, donne ses ordres pour empêcher que les Français ne pénètrent dans la plaine, ne prend avec lui que cent cinquante grenadiers et pénètre, par les derrières du Port-au-Prince, à la Rivière-Froide, distante de six heures de la ville, rase les fortifications qui subsistaient encore et obstruaient la route de Léogane, arrive dans cette dernière place où le chef de brigade, Pierre-Louis Diane, avait exécuté ses ordres, mis le feu à la ville après avoir égorgé tous les blancs ; il part de Léogane avec son détachement, se rend à Jacmel, où commandait Dieudonné Jambon, noir ([1]), favorisant le parti de la France. C'est en vain qu'il s'efforce à persuader le peuple de ce quartier que les Français n'en voulaient qu'à sa liberté qu'il ne rachèterait que trop chère, s'il ne profitait des premiers moments pour la conserver ; noirs, jaunes, blancs, tous sont sourds à sa voix.

L'officier qui commandait au Petit-Goâve ([2]) avait li-

([1]) Cet officier a évacué Jacmel avec Pageot et a sans doute été noyé comme tous les partisans, noirs et jaunes, des Français ; il avait de l'argent et partait pour la France sous la protection de Pageot.

([2]) Jeune homme de couleur qui devait sa place à la protection du général Dessalines. Au moment où j'écris (22 juin 1804), il arrive de

de dix lieues ; elles ont marché sur cette ville, que le général Christophe avait incendiée après avoir fait sauter le fort Picolet. Il n'avait pas eu le temps de faire égorger les blancs ou ses ordres avaient été mal exécutés. Ce général s'était retiré aux environs du Cap, où il avait eu à combattre l'armée française, et s'était vu contraint de se retirer et de se joindre à Toussaint qui accourait, mais trop tard.

Les Français pénétrèrent sans obstacle dans la ville et s'occupèrent moins à arrêter l'incendie qu'à piller ce qui n'avait pu être enlevé. Cette ville, foyer de la révolution, n'offrait plus alors que le spectacle de l'anarchie et de la désunion. Quelques troupes seulement avaient suivi Christophe ; mais parmi les noirs et les jaunes, tout ce qui appartenait au civil avait reçu les Français avec des transports de joie propre à encourager le capitaine général, qui répandit avec profusion dans la ville la proclamation du premier consul aux habitants de Saint-Domingue, datée de Paris du 17 brumaire an x.

Cette proclamation doit ici trouver une place pour servir à contraster avec la conduite des agents du gouvernement ; la voici :

« LE PREMIER CONSUL,

« *Aux habitants de Saint-Domingue.*

« Paris, le 17 brumaire an x de la République française.

« Habitants de Saint-Domingue,

« Quelles que soient votre origine et votre couleur,

« vous êtes tous Français, vous êtes tous libres et tous
« égaux devant Dieu et devant les hommes.

« La France a été comme Saint-Domingue en proie
« aux factions et déchirée par la guerre civile et par la
« guerre étrangère ; mais tout a changé, tous les peuples
« ont embrassé les Français et leur ont juré la paix et
« l'amitié. Tous les Français se sont aussi embrassés et
« ont juré d'être tous des amis et des frères. Venez aussi
« embrasser les Français et vous réjouir de revoir vos
« amis et vos frères d'Europe.

« Le gouvernement vous envoie le capitaine-général
« Leclerc. Il amène avec lui de grandes forces pour vous
« protéger contre vos ennemis et contre les ennemis de
« la République. Si l'on vous dit : Ces forces sont des-
« tinées à vous ravir la liberté ; répondez : La Répu-
« blique ne souffrira pas qu'elle nous soit enlevée.

« Ralliez-vous autour du capitaine-général. Il vous
« apporte l'abondance et la paix. Ralliez-vous autour
« de lui. Qui osera se séparer du capitaine-général sera
« un traître à la patrie, et la colère de la République
« le dévorera comme le feu dévore les cannes des
« séchées.

« Le premier consul,

« Signé : BONAPARTE. »

En réduisant cette proclamation à sa juste valeur, il
sera facile de juger qu'elle fit peu d'impression sur les
chefs ; quelques blancs qui avaient été forcés d'aller
avec le général Christophe, rentrèrent, mais les hosti-

lités et l'insurrection des campagnes n'avaient pas discontinué.

Le 20 pluviôse, le *Watigny*, la *Furieuse* et la *Cornélie* avaient fait route pour le Port-de-Paix et le Môle, où ces bâtiments devaient jeter les troupes sous le commandement du général Debelle.

Maurepas, général de brigade, commandant au Port-de-Paix et au Môle, où était cantonnée la 9e demi-brigade, avait marché contre les Français, les avait battus, tués et fait un grand nombre de prisonniers; et avait fini par se rendre au gouvernement français.

A Santo-Domingo, Paul-L'Ouverture, général de brigade, frère du gouverneur, avait remis la place à Kerverseau. Clervaux•, général de brigade commandant à San-Yago, avait imité Paul-L'Ouverture et embrassé le parti français, et deux bataillons de la 13e demi-brigade qui formaient la garnison de Barahunda (¹), avaient aussi fait leur soumission au capitaine-général et étaient partis pour le Port-au-Prince d'après l'ordre que leur avait envoyé Agé à l'arrivée de l'escadre.

La situation du nord paraissait tout à fait désespérante pour Toussaint et Christophe, qui erraient de cantons en cantons, soulevant toujours les ateliers, mais ralliant peu de troupes. Ces deux généraux se rendent dans l'ouest pour se rapprocher du général Dessalines, qui seul avait rallié ses troupes et pouvait se défendre; l'intrépidité de ce chef croissait avec le

---

(¹) On devrait écrire Bahia-Hunda (*baie profonde*). (*Note de l'éditeur.*)

danger. Il apprend que trois vaisseaux se présentent devant Saint-Marc et semblent vouloir y débarquer des troupes, il ordonne au chef de brigade Gabart, qui commandait le régiment dont il avait été colonel, de s'opposer au projet de l'ennemi et de réduire la ville en cendres avant de l'évacuer, s'il y était forcé. Il pouvait compter sur l'intrépidité de Gabart; ce jeune militaire était son élève, avait toujours servi sous ses ordres et joignait à la valeur la mieux caractérisée un attachement à toute épreuve pour la personne de son général. On verra, dans le cours de ces mémoires, les services qu'a rendus cet officier, qui jouit à juste titre de l'estime du général qu'il n'a jamais abandonné.

Toussaint apprend que Saint-Marc est menacé, ordonne au général Dessalines de l'évacuer après y avoir mis le feu; celui-ci, résolu à le disputer aux Français, se fait donner jusqu'à trois ordres par Toussaint; avant de sortir de la ville, décharge toute l'artillerie de la place sur les vaisseaux, en désempare un, donne l'exemple en mettant le feu à sa propre maison et gagne, avec sa troupe, la route du Grand-Cahos. Là, il apprend que la division sous les ordres de Rochambeau, après avoir traversé par l'Espagnol, marche contre lui et a pris la route du Grand-Cahos. Il marche à lui; arrivé au lieu, où il attendait les Français, il voit qu'il a été mal instruit. Il revient sur ses pas, arrive au bourg de la Petite-Rivière, à six lieues dans les terres de Saint-Marc, y rencontre le général Vernet conduisant sa troupe qui avait incendié et évacué les Gonaïves et venait de raser les fortifications de la Crête-à-

Pierrot, éminence touchant le bourg de la Petite-Rivière, qu'il domine. Ce poste était essentiel à Dessalines et lui offrait des moyens de défense. Il ordonne à sa troupe d'environner de pieux l'emplacement où avait existé le fort, met dans quarante-huit heures ce poste en état de résister à une attaque qu'il prévoyait. Il en confie le commandement au chef de brigade Magny, commandant la garde d'honneur du gouverneur, officier distingué par sa valeur et par un caractère rempli d'honneur, et lui adjoint l'intrépide Lamartinière, ne prend avec lui que quelques compagnies et parcourt la plaine pour découvrir l'ennemi et le harceler avant qu'il eût pu gagner la Crête-à-Pierrot ; ce qu'il avait prévu arriva : la division de Rochambeau parut. Dessalines vole au-devant d'elle, joint son avant-garde, l'attaque avec trois cents hommes dans un défilé dont il sut profiter, la met en déroute avec une perte considérable. Sous Rochambeau commandait le général Rigaud, qui parvint à rallier les fuyards qui portaient déjà l'épouvante parmi les Français, et Dessalines, contraint de céder au nombre, abandonna le Cahos. A peine il était rendu dans la plaine qu'il apprend que le général Debelle, avec ses troupes et la 9e demi-brigade qu'avait livrée Maurepas, avait attaqué le fort de la Crête-à-Pierrot, où le chef de brigade Magny l'avait si vigoureusement accueilli ; il avait été contraint de se retirer avec perte. Après cette attaque, les Français s'étaient portés sur une éminence et attendaient l'arrivée de quelques troupes fraîches pour livrer à Magny un second assaut. Dessalines ne perd pas de temps, les attaque ;

les Français repliaient déjà, lorsqu'un capitaine, trompé par l'obscurité qui régnait, fit feu sur les troupes du pays qu'il prenait pour des Français. La méprise de cet officier pensa coûter la vie au général Dessalines qui, se croyant pris en queue par l'ennemi, ordonne à une partie de ses troupes de faire bonne contenance, tandis qu'avec l'autre moitié il va chercher à débusquer l'ennemi qu'il croyait avoir en queue. Il parvient seul jusqu'au lieu d'où partait le feu et reconnaît son erreur ; mais avant qu'il eût le temps de rejoindre les troupes qui se battaient, l'ennemi avait repris courage et déjà gagné la hauteur d'où il était impossible de le déloger.

Il ne songea plus qu'à rentrer à la Crête-à-Pierrot, et à y attendre l'ennemi ; sur ces entrefaites arrive le général Christophe, abandonné des siens et ne sachant plus où porter ses pas, tout le Nord étant au pouvoir des Français. Toussaint arrive aussi avec six cents hommes de sa garde d'honneur, décidé à reprendre les Gonaïves sur les Français et à se retirer à la Marmelade ; il venait chercher du renfort, il enlève deux cents hommes à Dessalines et emmène avec lui, malgré les représentations de ce chef, le chef de brigade Gabart et la meilleure partie de ses troupes.

Sous peu d'heures, lui dit Dessalines, je serai attaqué ; mes meilleurs soldats vous suivent pour reprendre une ville en cendres ; croyez-moi, ne vous retirez pas à la Marmelade, nous ne gagnerons rien en faisant une diversion inutile. Partez, dit-il à Christophe, soulevez, incendiez le nord, c'est tout ce que j'attends d'heureux.

Quant à moi, vous saurez de mes nouvelles; si elles sont mauvaises, vous ne les apprendrez jamais par moi.

Toussaint rencontre sur sa route les troupes sous Rochambeau, est attaqué par elles et obligé de se jeter dans les rangs pour maintenir le bataillon de sa garde, qui faisait mine de vouloir replier; il se bat comme un soldat, repousse l'ennemi sur l'habitation Marchand, où il l'aurait infailliblement exterminé, si la nuit ne fût venue lui donner le signal de la retraite. D'ailleurs ce général n'eût pas été prudent s'il se fût engagé dans une plaine couverte de bataillons français qui dirigeaient leur marche sur la Petite-Rivière.

Cependant le général Dessalines s'occupait à se fortifier à la Crête-à-Pierrot; il y rassemblait les canons que le général Vernet traînait au Cahos, où il lui eût été impossible de les monter, remplissait de munitions ses poudrières, et environnait le fort d'un large fossé qu'il garnit d'une épaisse rangée d'épines.

Les troupes qu'il avait avec lui se réduisaient à quelques compagnies de la garde d'honneur, un bataillon des Gonaïves, trois cents hommes qui l'avaient suivi de Saint-Marc et cent canonniers. Sa force enfin n'était composée que de sept cents hommes, y compris quelques gardes nationaux sous la conduite du chef de bataillon Pierre Cottereau (¹), ennemi mortel des Français. Ce fut avec cette poignée d'hommes que Dessalines at-

---

(¹) La conduite constamment courageuse qu'a tenue cet officier, qui appartenait à la garde nationale, a été dignement récompensée par le général Dessalines, devenu gouverneur-général.

tendait les divisions réunies de Leclerc, de Rochambeau, de Boudet et de Hardy. Ces forces étaient encore
soutenues par la 9e demi-brigade, le bataillon de la
13e sous les ordres de Bardet, et celui venu de Barahunda. Ce corps fut confié à l'adjudant-commandant
Pétion, homme de couleur. Cet officier, distingué par
ses connaissances dans l'artillerie, par un courage supérieur à tous les événements, et surtout par le plus grand
sang-froid, servait dans le parti de Rigaud, et avait suivi
ce chef en France. De retour à Saint-Domingue avec
l'escadre, cet officier avait été reçu par les troupes du
pays avec cette vénération qu'elles lui avaient conservée, et l'attachement que ses compatriotes lui portaient
n'échappa point aux généraux français, qui lui donnè-
rent le commandement de la 13e.

Dessalines avait à peine eu le temps de se fortifier à
la hâte, qu'il fut averti, par quelques éclaireurs qu'il
avait toujours dans la plaine, que les quatre divisions
françaises s'avançaient.

L'éminence nommée vulgairement la Crête-à-Pierrot
est située à l'extrémité d'une longue chaîne de mornes,
sur la rive droite de l'Artibonite, qui coule à deux
portées de fusil de ce poste, qui peut être considéré
comme la partie la plus basse de la chaîne qui le domine d'un bout à l'autre.

Dessalines avait garni son fort de pièces de campagne,
de quelques canons de huit et de deux de douze.

Les Français s'avancent d'abord du côté du bourg,
et lorsqu'ils furent à portée de canon, Dessalines fait

baisser les portes du fort : « Soldats, dit-il, avec l'éner-
« gie qu'il met toujours dans ses discours, ces portes
« se baissent pour ceux qui ne sont pas résolus de
« mourir; tandis qu'il en est encore temps, que les
« amis des Français sortent, ils n'ont à espérer ici que la
« mort. » Et après avoir permis de se retirer à ceux que
la maladie ou la peur chassaient, il ouvre les portes d'une
poudrière, prend un baril de poudre, la répand jusqu'à
la première porte, et saisissant un tison allumé :
« Voilà, dit-il, pour le dernier feu; je fais sauter le fort
« si vous ne vous défendez pas. » Chacun alors court à
son poste et attend l'ennemi.

Au même instant un homme sorti des rangs français
s'avance; il est porteur d'une lettre qu'il tient élevée
entre les doigts, et il s'arrête à quelques pas du fort et
demande à la remettre. Dessalines ordonne de faire feu,
et le parlementaire est emporté d'un boulet.

Ce fut alors que le feu commença avec une opiniâtreté
et un acharnement qui annonçaient, du côté du fort, le
mépris de la vie, et de celui des Français le désir de
s'emparer du premier poste qui eût encore opposé une
résistance aussi courageuse à leurs attaques. Une nuée
de Français, conduits par plus de vingt officiers généraux, cernaient le fort et faisaient pleuvoir une grêle
de boulets, de bombes, de balles et d'obus sur une poignée de sept cents hommes résolus de mourir. Ils s'em-
parent de l'éminence que Dessalines n'avait pas eu le
temps de fortifier, et de là, mettent hors de combat la
majeure partie de nos canonniers. Le général s'en aper-

çoit, tourne une pièce vers cette éminence, et la dirige si heureusement qu'il n'est plus possible aux Français d'y paraître. Tandis qu'il encourage les siens, les colonnes postées du côté du bourg s'avancent et sont déjà dans les fossés. Le danger croît, les canonniers redoublent d'efforts, et repoussent tout ce qui approche. Déjà il n'y a plus d'intervalle entre le bruit de la mousqueterie et de l'artillerie, c'est un feu roulant. Les Français reviennent à la charge; nos petites pièces s'échauffent, plusieurs sautent, et des embrasures faites à la hâte croulent et n'offrent plus aux canonniers un abri suffisant. Le général ordonne qu'on traîne les pièces vers le milieu du fort, les fait charger, et les présente tour à tour aux embrasures qui résistent encore. Soins inutiles! les fossés sont remplis de Français; nos canonniers découragés se mêlent à l'infanterie ou cherchent à se mettre à couvert. Quelques compagnies s'ébranlent et désertent les remparts; le fort paraît dégarni; le général vole à la poudrière muni du tison ardent qu'il n'avait pas abandonné, et va affectuer la promesse de faire sauter le fort, lorsqu'il aperçoit que l'ennemi se présente sans précaution et touche aux embrasures. Du même tison il met le feu aux pièces, et secouru d'un seul canonnier qui se trouve encore à ses côtés, il traîne une pièce de quatre et balaie les troupes qui étaient déjà dans le fort. Les siens reprennent courage, revolent aux remparts, et le combat recommence avec plus d'ardeur. Les Français fuient et regagnent le bourg de la Petite-Rivière. Une pièce de huit du fort, braquée sur le grand chemin qui traverse le bourg, joue continuellement sur les troupes qui y paraissent ; il n'est plus possible à l'ennemi de se tenir dans les maisons du bourg. Ce fut alors que l'on vit deux cents hommes se présenter à découvert et s'exposer à tout notre feu pour attirer notre attention, et donner, par ce moyen, le temps aux colonnes de défiler dans le grand chemin, où se dirigeait le feu de toute notre artillerie. Ce moyen réussit, et coûta la vie aux deux cents hommes. Le combat avait commencé à sept heures du matin, et il était une heure lorsque les Français se retirèrent, laissant sur la place leurs morts et leurs blessés. Le général Dessalines s'apercevant que l'ennemi battait réellement en retraite, mais que plusieurs bandes de traîneurs se retiraient lentement vers le bourg de la Petite-Rivière, ordonne au chef de bataillon de garde nationale Cottereau de sortir avec 60 hommes de sa troupe hors du fort, et de poursuivre les traînards. Cottereau exécute ses ordres, fait une horrible boucherie de tout ce qu'il trouve, et rentre après avoir mis le comble à la déroute de l'ennemi.

Ainsi finit cette journée, la honte des Français ; cette journée où furent blessés ou tués dix-huit de leurs généraux ; où il resta plus de cinq mille des leurs sur la place, où sept cents hommes ont vu fuir, en moins de six heures, plus de quinze mille hommes de *la plus grande nation du monde* (l'expression de la lettre de Leclerc à Toussaint-L'Ouverture) ; certainement la conduite de l'armée française démentait d'une manière humiliante pour la grande nation, la proclamation fastueuse du premier consul, dont la colère devait dévorer les rebelles, comme le feu dévore les cannes desséchées.

Le général Dessalines pressentait avec raison que les Français, quoique battus, reviendraient à la charge; et il ne fut pas peu surpris que l'ennemi se fût retiré à Saint-Marc et dans les environs, et lui donnât le temps de réparer les fortifications dans lesquelles il était de toute impossibilité qu'il se maintînt, s'il ne les relevait. Il s'était aperçu aussi de l'avantage que l'ennemi avait eu sur la petite éminence qui dominait le fort de la Crête, et y établit une redoute qu'il environna d'un fossé pareil à celui du grand fort, releva les remparts de ce dernier et confia la nouvelle batterie à Lamartinière qui y entra avec deux cents hommes. Après avoir donné ses ordres, en cas d'une nouvelle attaque, il part avec quelques dragons et va visiter les munitions qu'il avait cachées au quartier de Plassac, sous la garde d'un de ses aides de camp.

Ce ne fut que huit jours après la première attaque que les Français, remis de leur première terreur, reparaissent à la Crête-à-Pierrot, et recommencent une attaque où ils paraissent décidés à s'emparer de ce poste. Dessalines n'était pas encore de retour, mais il pouvait compter sur les officiers qu'il avait laissés dans le fort. La redoute de Lamartinière fut vigoureusement attaquée; quatre pièces de campagne jouaient en s'appro-

chant toujours, mais le feu de la redoute est si bien
dirigé que l'ennemi est obligé d'abandonner ses pièces,
le grand fort se défendait avec autant d'intrépidité qu'à
la première affaire. L'ennemi prévoyant qu'il serait inutile de tenter un assaut tant que la redoute existerait,
profite de l'obscurité de la nuit et traîne, comme il lui
est possible, les quatre pièces qu'il avait été forcé d'abandonner, et recommence le lendemain à s'avancer vers
la redoute, déjà la brèche est faite de manière que Lamartinière est contraint à son tour de rentrer dans le
fort principal où il porte l'assurance et la fermeté qu'il
inspire en l'absence du chef. Pendant six jours on se
battit de part et d'autre sans relâche, et le sixième,
Dessalines était rendu à peu de distance du fort, résolu
de s'y enfermer ; il ordonne à un soldat de visiter les
environs du fort, de pénétrer jusqu'à Lamartinière et de
lui en apporter la réponse. Lamartinière manquait
d'eau, il en instruit le général qui lui renvoie un
anneau qu'il portait toujours à son doigt (signal convenu avec Lamartinière). Celui-ci connaissait les environs du fort et prit le parti d'évacuer et de tomber sur
une forte garde qui se trouvait sur son passage et qui
gardait l'eau dont l'ennemi prévoyait qu'il aurait besoin.
Aussitôt donc qu'il croit l'heure favorable, il sort à la
tête de ses soldats, enfonce la garde, la disperse avant
de lui avoir donné le temps de se reconnaître, fait six
prisonniers, traverse l'eau et porte l'épouvante jusqu'au
quartier où reposait Rochambeau, qui, dans l'obscurité,
prit la fuite et s'enfonça dans le bois. Lamartinière joi-

gnit Dessalines qui prit la route-de Marchand, poste où il avait plusieurs fois battu les Anglais et où il attendait encore les Français.

La Crête-à-Pierrot avait détruit le grand épouvantail des Français, et les soldats noirs, fiers de la résistance de leur général, se ralliaient insensiblement autour de lui.

Ce fut àcette époque qu'on expédia dans un des ports du Sud, un vaisseau (le Duguay-Trouin) (¹) et deux bataillons de la 90e et des chasseurs de la Loire. Ces troupes suffisaient dans un quartier où le général noir Laplume était tout dévoué au gouvernement français, et où le peuple, toujours ami de la nouveauté, attendait impatiemment un nouvel ordre de choses. Un chef de brigade (²), homme de couleur, conseil écouté de Laplume, lui avait persuadé de recevoir les troupes françaises, et avait réussi à faire arrêter par ce général les divers commandans qui s'étaient montrés dévoués à la cause du pays et qui avaient reçu ordre d'incendier les villes et de s'opposer à l'entrée des Français dans ce département. Ami chaud des Européens, il ne s'entou-

---

(¹) Ce vaisseau était commandé par un nommé Willaumez, l'homme le plus propre à faire un bourreau; Bocgeon, capitaine de frégate sur ce vaisseau ne lui cédait en rien en cruauté, et Dubourg, lieutenant de vaisseau, escroc de profession, passa, pendant le séjour du vaisseau à Saint-Louis, pour avoir participé à un vol de deux cents portugaises fait à une dame chez laquelle il s'était introduit.

(²) Néret, la honte de ses compatriotes et le bourreau de ses frères dans le Sud, où il n'y a plus que quelques femmes perdues ou quelques intrigants qui se sont ruinés pour avoir sa protection, qui puissent prononcer son nom sans horreur.

3

rait que d'eux seuls et inspirait ses sentiments à Laplume.

Un monstre qu'aucun adjectif n'est assez significatif
pour caractériser, l'adjudant-général Darbois, venait
d'être envoyé commandant à Jérémie, en remplace-
ment du chef de brigade noir Domage (¹), qu'on avait
eu beaucoup de peine à empêcher de brûler Jérémie, et
que Darbois fit arrêter quelques jours après son installa-
tion.

Enfin la prise de possession du Sud n'avait pas
coûté un seul homme à la France, aussi y laissa-t-on
subsister les choses, pendant quelque temps, sur le
même pied qu'on les avait trouvées.

Possesseurs de la Crête-à-Pierrot, il semblait que les
Français n'eussent plus rien à combattre, et tout conti-
nuait à en imposer de leur part aux troupes du pays
découragées par la molesse de quelques-uns de leurs
généraux.

Dessalines depuis huit jours était à Marchand dans
un état de langueur et de maladie qui faisaient déses-
pérer de ses jours. Les Français le crurent mort, et
plusieurs colonnes mobiles parcouraient, avec une im-
prudente sécurité, les montagnes du Cahos où les con-
duisaient l'appas du pillage et le désir de s'emparer des
trésors qu'ils y croyaient cachés. Ce fut dans ces courses

(¹) Ce fut le seul commandant dans le Sud qui, d'après les ordres
qu'il avait reçus du général Dessalines, voulait s'opposer au débarquement des Français, mais l'or des habitants de Jérémie gagna sa
troupe. Cet infortuné a été pendu.

vagabondes que leurs généraux torturaient les noirs cultivateurs pour les forcer à découvrir le lieu où Dessalines avait enfoui ses trésors. Là, les femmes, les enfants étaient en proie à la rapacité du soldat qui leur arrachait avec la dernière inhumanité, les oreilles avec les boucles qu'elles y portaient ; un collier, un mouchoir devenait le prix d'un coup de fusil, et s'il arrivait qu'un cultivateur effrayé s'enfonçât dans les bois, il était de suite fusillé ou lié et envoyé à Saint-Marc pour y être mis à mort. C'était toujours un soldat de Dessalines, et jamais aucun n'y trouvait grâce, à moins que la crainte de la mort ne lui fît promettre de conduire quelque détachement dans un lieu où il savait qu'il y avait de l'argent caché. Alors, pas de caresses, pas de promesses qu'on ne lui fît, s'il réussissait à découvrir le métal chéri. Dans les premiers jours, on conduisit ces infortunés sans précautions, sous la garde de quelques soldats, ayant toujours l'agent de quelques généraux en tête, et lorsque le malheureux cultivateur ou soldat les avait conduits dans quelques précipices, où il prévoyait que ses gardiens ne pourraient descendre avec lui, il s'y précipitait et gagnait par des chemins qu'il pratiquait pour la première fois, les montagnes de Marchand. Dans la suite, les Français garrottèrent ces infortunés furets de leur avarice.

La maladie du général Dessalines empirait, et le soldat effrayé qui pressentait, dans la mort de son chef, le comble à ses malheurs, ne s'occupait qu'à consulter sur son état les personnes qui l'approchaient. On vit plu-

sieurs soldats s'avancer vers son lit, le questionner, et
quand la faiblesse ne lui permettait pas de les encourager, ils se retiraient en portant la main sur leur tête,
signe de la plus grande douleur parmi les noirs; nous
sommes perdus, s'écriaient-ils, le général Toussaint
nous abandonne et notre père va mourir.

Peu à peu sa bonne constitution et sa sobriété le sauvèrent; il était faible encore lorsqu'il demanda à passer
en revue les troupes qui lui restaient. Quelles furent sa
surprise et son indignation, quand on ne put réunir
que soixante hommes! Il saisit avec vivacité ses deux
pistolets, brûle la cervelle aux deux premiers capitaines qui se trouvaient devant lui, et menace d'exterminer l'officier qui dans vingt-quatre heures n'aura
pas réuni sa compagnie. Cette action d'un chef résolu
eut son effet. Quatre jours n'étaient pas écoulés, qu'il
se vit à la tête de cinq mille hommes armés et brûlants
du désir de se venger.

Toussaint, pendant que ceci se passait dans l'Ouest,
à force de sollicitations de la part du capitaine-général
Leclerc, s'était décidé à lui envoyer le général Christophe, en attendant, disait-il, qu'il pût amener à soumission les généraux Dessalines et Charles Belair (¹) qui
combattaient encore avec lui.

Christophe était bien l'homme qu'il fallait en cette
occasion, pour dévoiler la conduite du nouveau gouvernement; mais le capitaine-général avait pris toutes

---

(¹) Charles Belair a été fusillé avec son épouse; la fermeté de ce
couple a étonné les bourreaux qui l'ont condamné.

ces mesures pour faire parade de tous les dehors de la justice et de la fraternité.

César Télémaque, noir, avait été nommé par lui maire du Cap pour le récompenser de l'attachement qu'il avait manifesté pour les Français, en s'opposant de tous ses moyens à l'incendie, et en haranguant le peuple à l'arrivée de l'escadre. Le général Christophe fut trompé par ces fausses apparences du mépris des préjugés, et rendit au gouverneur, avec le compte bien circonstancié de ce qu'il avait vu, la réponse où plutôt le traité fait entre Leclerc et lui.

Toussaint part, se rend auprès de Dessalines et se plaint d'avoir été abandonné par le général Christophe. Je connais trop ce général, lui répondit Dessalines, pour lui faire un instant l'injustice de croire qu'il soit entré au Cap sans vos ordres. Agissez avec moi sans déguisement, et dites-moi simplement que vous vous soumettez au gouvernement français. Toussaint lui remet alors la lettre de Leclerc qu'il prétend n'avoir pas lue. C'est impossible, répond Dessalines, vous en connaissez le contenu : qui vous a remis cette lettre? Christophe, répondit Toussaint: que ne l'avez vous fait arrêter et punir puisqu'il était entré au Cap sans vos ordres? Et sur-le-champ il en prend lecture, protestant à Toussaint qu'il le rend responsable des malheurs qu'il va attirer sur ses compatriotes, par sa mollesse ; que quant à lui il ne se croira jamais coupable envers eux, puisqu'il ne fera qu'obéir à ses ordres.

Toussaint repart sous prétexte d'aller faire arrêter

Christophe, s'il en est temps encore, mais termine par se rendre auprès de Leclerc. Si l'aveuglement où le plongeait sa confiance dans le gouvernement français, lui avait permis de bien voir, il se fût bientôt aperçu qu'il était accueilli plutôt comme un rebelle que l'on craignait et qu'on se félicitait d'avoir attiré dans le piége, que comme un citoyen utile qu'on se loue d'avoir ramené à la bonne cause. C'était aux yeux de ses compatriotes mêmes Charette rentrant dans les murs de Nantes.

Cependant le nouveau gouvernement ne se croyait pas à la fin des troubles ; Dessalines combattait encore, et Toussaint avait parlé de son opiniâtreté à ne pas mettre bas les armes, et de la confiance que les troupes avaient en sa personne. S'il fallait soumettre ce général par la voie des armes, la guerre pouvait durer longtemps encore ; le ramener par la persuasion, on ne voyait que Toussaint seul qui pût le faire. On redoubla donc de soins auprès de ce dernier, on le combla d'honneurs, de promesses, on lui fit entrevoir que la résistance qu'il avait faite jusqu'alors, loin de diminuer l'estime que le gouvernement avait conçue de lui, sa conduite n'avait servi qu'a montrer plus évidemment son amour pour la liberté de son pays ; tandis que sa soumission serait auprès du premier consul la preuve la plus convaincante que les agents du gouvernement en agissaient envers les généraux de Saint-Domingue, comme le premier consul l'entendait. Toussaint met en usage tous les moyens qu'il croit efficaces pour ramener Dessalines au parti qu'il a embrassé ; ce fut inutilement.

Ce dernier, outré d'indignation de la conduite de Toussaint, haranguait à Marchand ses troupes étonnées de la résolution du gouverneur.

Vous voyez, leur dit Dessalines, que le général en chef court à sa perte; voulez-vous l'imiter ou périr comme moi les armes à la main? Il ne nous reste que deux partis à prendre, de rentrer à Saint-Marc ou de mourir libres. A Saint-Marc nous attendent l'ignominie et la mort, ici nous mourons libres, mais avec l'honneur. Ceux que la conduite de Toussaint avait refroidis pour la cause du pays, reprennent courage, et tous jurent de ne jamais se soumettre aux Français. Alors s'adressant à un petit nombre d'officiers qui étaient dans son intimité, il leur dit que son projet était d'attirer le général Toussaint dans une conférence, sous prétexte de vouloir prendre des arrangements pour la sûreté de sa personne, de l'arrêter et de le confiner dans les Mornes, sous la surveillance d'une garde, en attendant que le sort des armes décidât si le pays devait rester aux Français; tous l'approuvent.

Alors Dessalines écrivit à Toussaint, qu'ignorant toujours la conduite du capitaine-général envers ceux qui se soumettaient à lui, il désirait être instruit par lui-même des particularités qui avaient précédé son entrée au Cap, et de celles qui l'avaient suivie. Soit que ce dernier fût prévenu du projet, soit qu'il ne lui fût pas permis d'aller au rendez-vous, il se contenta de lui envoyer un de ses officiers.

La lettre de Toussaint, dont cet officier était porteur,

disait, en substance, que jamais la liberté n'avait été à la veille d'être si bien consolidée que depuis l'arrivée des Français, que le capitaine-général pouvait être considéré comme le restaurateur des droits pour lesquels ils avaient si longtemps combattu, et qu'il l'engageait, lui ordonnait même de concourir par sa soumission à la prompte exécution des bonnes intentions du capitaine-général. Cette lettre ne change rien aux dispositions de Dessalines. Toussaint prit le parti de travailler sourdement l'armée par les officiers qu'il envoyait fréquemment au Camp-Marchand; et dès qu'il crut le moment favorable il sort du Cap, tire quelques coups de fusil en signe de réjouissance, et crie : la paix! la paix! la paix!

Les soldats, soit par un reste d'obéissance pour ce chef, soit par la séduction qu'on avait employée, se soumettent et demandent à rentrer à Saint-Marc. Dessalines, dévorant son courroux, se fit une vertu de la nécessité et se rendit à leur tête à Saint-Marc. Ce fut donc pour sa troupe ou plutôt par le désir de la préserver des horreurs qu'il prévoyait, que Dessalines parut soumis ; mais il ne conservait pas moins dans son cœur le projet de lever l'étendard de l'insurrection aussitôt que les Français lui en donneraient le prétexte.

Le moment des crimes est arrivé; lecteur impartial, vous allez juger quels furent les bourreaux et quelles furent les victimes.

Toussaint, en rentrant au Cap, loin d'y porter le ton imposant et fier que conserve un chef qui a vendu cher sa soumission, avait éloigné de lui ses officiers que les

Français surent gagner en leur procurant un avance-
ment rapide. Toussaint était seul, isolé, sans conseil,
et donnait en un mot une faible opinion du caractère
que les Français lui supposaient.

Dessalines au contraire était entré à Saint-Marc, non
avec cet air abattu que porte un ennemi vaincu, mais
avec cette contenance assurée d'un chef qui se fait craindre lors même qu'il se soumet. La joie que ressentirent
et firent paraître le peuple et l'armée française, était le
plus bel hommage rendu à ses talents militaires, à sa
bravoure et à sa constance. On voyait en lui le seul chef
sur lequel se fixaient les craintes et l'épouvante des
Français. On n'avait plus rien à redouter de Toussaint-
L'Ouverture; il était aisé de voir qu'il n'était pas l'âme
des armées du pays et qu'on ne regardait plus Toussaint sans Dessalines que comme un simulacre de général en chef. Il fut fêté, régalé, et chaque général français voulut le voir. Il reçut de chacun les félicitations
les plus captieuses pour tout autre que pour un homme
qui, comme lui, joignait l'inquiétude de la pintade à la
finesse du renard; on ne tarissait pas sur les éloges dus
au défenseur de la Crête-à-Pierrot, qui désormais allait
aider le gouvernement à remettre l'ordre dans les campagnes.

La 4° demi-brigade dont il avait été colonel, troupe
qu'il ne quittait jamais, qui, dans toutes les campagnes
qu'il fit, servit toujours d'avant-garde et de plastron à
sa division, était rentrée avec lui à Saint-Marc. On tâ-
cha de la corrompre, mais ce corps fut inébranlable aux

3.

séductions. Cependant on le redoutait, et on ne trouva pas de meilleur expédient qu'en en disséminant les soldats et les embrigadant dans différents corps français. Ce corps se soumit à l'incorporation, mais ne voulut jamais sortir de Saint-Marc, ni abandonner son général, et on prit le parti d'en faire le 3e bataillon de la 5e légère, la meilleure troupe qu'eussent alors les Français ; mais les soldats noirs ne s'en considéraient pas moins comme la 4e demi-brigade coloniale, et l'esprit du nouveau corps dans lequel ils venaient d'être incorporés, ne changea rien au caractère de gens accoutumés à n'obéir qu'aux ordres de Dessalines et prêts à le suivre encore dans les bois.

On voit quel intérêt avait le gouvernement de ménager des troupes qui, dans leur soumission n'en étaient pas moins redoutables, et le capitaine-général sembla pendant quelque temps adopter des mesures de douceur qui, je crois, s'accordaient avec son caractère; mais avec lui, ou pour mieux dire, depuis son arrivée à Saint-Domingue, était sortie de l'Angleterre, du continent de l'Amérique, de la Jamaïque et des autres îles, une tourbe de ces tigres appelés colons, gens tarés, écrasés de dettes, et qui ne revenaient à Saint-Domingue qu'afin d'extorquer quelques portions de biens des nombreuses victimes qu'on avait promis d'immoler à leur orgueil, à leur rapacité, et pour verser sur le petit nombre de noirs et de jaunes attachés au parti français tout le mépris dont ils avaient été couverts dans les pays étrangers.

Vils thuriféraires de l'autorité nouvelle, ces intrigants s'attachèrent à inspirer à Leclerc le vampirisme dont ils avaient fait profession sous l'ancien régime, et lui persuadèrent que son autorité ne serait jamais bien assise, que des insurrections partielles troubleraient toujours l'ordre qu'il voulait établir dans les campagnes, s'il ne prenait des mesures acerbes contre les noirs, qui ne pouvaient être effrayés que par les supplices les plus horribles.

Celui de ces gens qui fut le meneur du capitaine général, le bourreau en chef, était un nommé Collet; il résidait au Cap où il pompait les opérations du gouvernement ; il s'était adjoint quelques émigrés, des intrigants et autres gens de cette description, qui entretenaient avec leurs pareils des autres départements une correspondance qui ne traitait que des moyens de détruire la classe noire en état de porter les armes, et de brutifier le reste.

Ce fut à l'occasion de quelques insurrections (¹) qui eurent lieu dans les montagnes où l'on désarmait les noirs paisibles, que le gouverneur, à l'instigation de

(¹) Il y avait dans chaque département de ces meneurs. Aux Cayes se faisaient distinguer par leurs conseils : Mongin, ancien juge, le plus féroce ; Labiche, autre juge; Lothon, qui avait servi sous l'Anglais ; Desongards et une foule de bandits qui avaient habité ce pays sous l'ancien régime.

Au Port-au-Prince : Desrivières, espèce de chevalier ; Guieu et Blon, Ango, Baudamant, Saint-Syr, autre petit chevalier, Lecun et Cotelle

Au Cap : Collet, Demas, Domergue, O'German et Camfrancq formaient le conseil privé de Leclerc.

ces tueurs, ordonna de dresser des potences dans quel-
ques-unes des villes principales, et dès lors chaque bourgade eut sa potence, même dans le département du Sud
qui n'avait pas encore donné l'exemple du moindre mé-
contentement ; on y poursuivit sourdement les anciens
chefs militaires qui n'avaient pas même été employés
sous le gouvernement de Toussaint-L'Ouverture, mais
qui avaient servi sous Rigaud. On n'avait pas encore
trouvé de prétexte plausible pour renvoyer celui-ci, tant
que les insurrections durèrent, mais aussitôt que Dessalines se fut soumis, on en épia l'occasion, qui se présenta de la manière suivante.

Depuis le départ de Saint-Domingue de cet ex-géné-
ral du Sud, ses biens avaient été séquestrés, et ni sa fe-
mille ni ses fondés de pouvoirs n'avaient pu obtenir la
main-levée du séquestre. Le général Laplume (1) s'était
approprié la majeure partie de ses meubles, et logeait
dans sa maison. Il était naturel qu'à son retour, Rigaud
fît auprès du commandant de son département, la ré-
clamation de ce qui lui appartenait, et qu'il le prévînt
que, dans le cas où il se refuserait à satisfaire à la
justice de sa demande, il en instruirait le capitaine-général.

Laplume, prévoyant l'embarras où le jetterait la né-
cessité de restituer, prit conseil des colons qui l'entouraient, et il fut décidé, par des gens tous intéressés à

_____

(1) Ce général n'a jamais pu comprendre le mot de restitution, il
imitait en cela les nouveaux venus.

éloigner Rigaud des Cayes, que Laplume se plaindrait
au gouvernement de la dureté avec laquelle lui écrivait
Rigaud, qui n'avait pas plutôt mis les pieds à Saint-
Domingue, qu'il ne s'occupait qu'à insulter un général
qu'il haïssait, parce qu'il montrait de l'attachement aux
blancs, par sa prompte soumission aux ordres du gouvernement français ; que d'ailleurs Rigaud était au
moins soupçonnable d'exciter dans le Sud ses anciens
partisans à la révolte : quelques insurrections s'étaient
déjà déclarées (et l'on ne disait pas occasionnées par le
désarmement ordonné), et que lui, Laplume, ne pouvait
répondre de la tranquillité du Sud, tant qu'on n'avise-
rait pas aux moyens d'empêcher les agents de Rigaud
d'y pénétrer.

On saisit avidement cette occasion de s'assurer de ce
général dont on craignait la réunion à quelques chefs
noirs. Rigaud sortait de France où il avait joui de peu
de considération jusqu'au moment où on l'avait destiné
à repasser à Saint-Domingue, où il était réservé à devenir l'instrument de la division, si la partie du Sud se
fût révoltée comme les autres départements (¹).

Au reste, comme on avait envoyé peu de troupes dans
ce département où Laplume avait le régiment qu'il avait
commandé quand il n'était que colonel, on craignait
qu'il ne fît beaucoup de mal dans une partie conservée

(¹) Si le département du Sud se fût soulevé à l'époque de l'arrivée
de l'escadre, le gouvernement n'eût pas manqué d'y envoyer Rigaud pour assurer ses compatriotes que la France ne l'envoyait auprès d'eux que pour se venger de Toussaint.

jusqu'alors intacte, si on le mettait dans la nécessité de faire scission avec les Français.

Tous ces motifs joints à la résolution de se défaire de Rigaud, engagèrent le capitaine-général à l'embarquer.

Celui-ci se trouvait à Saint-Marc ; général, dit-il à « Rigaud : je vais faire une tournée dans le Sud, vous « viendrez avec moi, vous vous embarquerez sur la « *Cornélie* et moi sur la *Guerrière.* » Rigaud témoigne la joie qu'il ressent de revoir son pays, et dépêche un de ses officiers au Cap, pour prévenir son épouse de se rendre aux Cayes.

Rigaud s'embarque ; l'ordre était déjà donné ; le capitaine de la *Cornélie* fait voile pour le Cap, et la *Guerrière* prend la route du Port-au-Prince. Rigaud étonné demande où il va : au Cap, répond le geôlier marin ; et arrivé devant ce port, comme Rigaud se disposait à descendre, le capitaine lui donne connaissance de l'ordre d'arrêt dont il est porteur. Ce général resta donc à bord de la *Cornélie,* où il eut à peine le temps d'envoyer prendre à terre son épouse qui, heureusement, n'était pas partie pour les Cayes (¹).

L'ordre de son départ pour France portait que tous les officiers attachés à sa personne ou ceux venus avec

---

(¹) Il est à remarquer que lorsque les matelots de la *Cornélie* allèrent à terre pour prendre les malles de Rigaud, ils laissèrent chavirer la barque et prétendirent que ces malles avaient coulé ; ils se contentèrent de rapporter à ce général un chapeau galonné, qui ne devait plus lui servir, et quelques habits ; le reste fut perdu pour lui, et son épouse fit le voyage avec trois robes. Cependant les havresacs de ces matelots étaient remplis des effets de cette dame.

lui de France, quitteraient la colonie. Ces malheureux furent saisis et incarcérés avant d'avoir eu le temps de donner à leurs familles de leurs nouvelles, ni d'en recevoir. Ils s'embarquèrent comme ils étaient venus, sans secours et sans argent.

Quelques femmes du Cap, dont ils n'étaient connus que par le malheur qui les poursuivait, leur procurèrent quelques gourdes. Ces infortunées dans la suite payèrent cher cet acte de commisération. La plupart furent recherchées pour avoir témoigné trop d'humanité et furent ou pendues ou noyées (¹). Le départ de Rigaud fut le signal des proscriptions.

Toussaint avait obtenu sa démission avec la permission de se retirer dans le quartier d'Ennery, où il avait acquis une plantation et où il vivait depuis sa soumission avec son épouse et une nièce.

Ses deux fils, employés dans l'armée française, qui lui avaient été renvoyés lors des premiers pourparlers, avaient combattu avec leur père et ne jouissaient plus de l'espèce de considération qu'on leur avait accordée pen-

(¹) Pendre une femme créole pour avoir secouru son compatriote malheureux! Barbares Gallo-Corses; on avait raison, vous ne veniez à Saint-Domingue que pour y détruire la population! Le caractère compatissant est tellement le caractère d'une créole, qu'au moment où l'heure de notre vengeance a sonné, on a vu ces malheureuses s'exposer à être fusillées, ruinées pour sauver un blanc, lui fournir les vêtements de son sexe, vendre ses bijoux pour le soustraire au sort qu'il avait mérité, l'embarquer sur un bâtiment neutre, mais refuser de le suivre de peur d'être vendue par lui dans quelques îles neutres. O Français! ce dernier trait vous juge, vous ne trouverez plus à Saint-Domingue un être sensible à vos malheurs.

dant la traversée. Embarquer ce chef sur lequel tous avaient les yeux ouverts, aussitôt le départ de Rigaud, c'eût été agir trop précipitamment ; d'ailleurs les instigations des colons n'avaient pas encore rendu le capitaine-général assez déhonté pour prendre un parti si prononcé. Le gouvernement avait encore des ménagements à garder. Leclerc vit alors Dessalines (¹) pour la première fois. Il commençait à se façonner à la cruauté coloniale ; et par conséquent avait appris de ses conseils que, pour vaincre à Saint-Domingue deux classes d'hommes réunies pour maintenir la liberté, il fallait les diviser. Il s'attacha donc à mettre la dernière main au projet commencé par Hédouville (²). Leclerc flatta Dessalines, le combla d'éloges qu'il prétendit que méritait sa conduite, l'assura qu'il pouvait compter sur la bienveillance spéciale du gouvernement, et que le premier consul, d'après les rapports avantageux qu'il avait faits en sa faveur, ne tarderait pas à lui déférer une récompense digne de lui. Il use enfin de tous ces lieux communs de politique par lesquels les blancs, et surtout les Français croient piper les noirs et les jaunes. Dessalines vit à quel homme il avait à faire et se tint sur ses gardes ; après donc avoir remercié le capitaine-général, il le supplia de croire que son plus vif désir était de se retirer en France avec toute sa famille, que du reste il s'en remettait aux bonnes in-

(¹) Dessalines avait prévu que le désarmement devait nécessairement avoir enlevé beaucoup d'armes aux cultivateurs, qui allaient lui devenir à charge, s'il ne les réarmait.

(²) Celui-là ne peut-être caractérisé par aucune épithète ; son astucieuse scélératesse lui donne cet avantage.

tentions du gouvernement auquel il était dévoué pour
toujours. « Vous nous êtes trop nécessaire ici, lui ré-
« pondit Leclerc ; vous ne partirez pour France qu'a-
« vec moi et ce ne sera tout au plus que dans six
« mois. Donnez-moi la satisfaction de vous présenter
« au premier consul ; vous savez qu'il est mon beau-
« frère? — Cette époque est bien tardive, lui répondit
« Dessalines ; mais je ne veux que vous obéir. » Soit que
Leclerc fût réellement sa dupe, soit qu'il ne le crût pas
assez fin pour découvrir le piége qui lui était tendu, il
commença à lui insinuer que jusque-là il ne lui avait pas
été possible de découvrir quels étaient les vrais ennemis
du gouvernement français, mais qu'il espérait, par son
moyen, d'apprendre quelles gens il fallait combattre
pour rétablir le bon ordre et l'harmonie. « Quant aux
« colons, dit-il, ils sont si malheureux et ont si peu
« d'influence, qu'il n'est pas présumable qu'ils trouvent
« leur compte dans les troubles, ils ont tous leurs fa-
« milles et leurs biens en France ; ne serait-ce pas plu-
« tôt aux hommes de couleur que nous devrions tous
« nos malheurs? » Dessalines sentit toute la conséquence de sa réponse et la fit dans les vues du capitaine-
général : « Puisque nous sommes du même avis, dit ce
« dernier, je pense que le seul parti à prendre serait de
« les exterminer tous ; mais je suis embarrassé sur le
« choix des moyens, les troupes françaises sont telle-
« ment diminuées par les maladies, qu'à peine nous en
« reste-t-il assez pour garder nos villes ; je serais donc
« d'avis que vous levassiez une armée de cinq mille

« hommes du pays pour cette expédition, qui ne durera
« qu'autant de temps que vous voudrez en mettre à la
« faire. Attendez, ajouta-t-il, je vais vous en expédier
« l'ordre, de même que celui de prendre la quantité
« d'armes et de munitions qu'il vous sera nécessaire. »
En effet, il écrivit l'ordre de sa propre main et remit au
général Dessalines cinq cents doubles louis pour les frais
de cette expédition, en le prévenant qu'il partirait quand
il le jugerait à propos. Avant de quitter le Cap, il était de
l'intérêt de Dessalines de voir tous les généraux français
et de sonder leurs dispositions. Il vit Dugua, chef de
l'état-major de l'armée, qui, sans doute mécontent dès lors
du capitaine-général, lui apprit que la 13e demi-brigade
devait être incorporée comme sapeurs de la garde d'honneur et qu'il voyait avec peine que les malheureux qui
composaient ce corps allaient être sacrifiés. Il n'en fallut
pas davantage pour réveiller la sollicitude de Dessalines,
qui, immédiatement après la visite qu'il venait de faire
à Dugua, apprit ce qui venait de se passer aux Gonaïves.
Là, Brunet avait reçu des ordres de cantonner dans le
voisinage de l'habitation où résidait Toussaint-L'Ouverture un bataillon de troupes blanches, qui journellement commettaient des vols et des dégâts sur les planta-
tions circonvoisines ; Toussaint avait menacé de les en
punir. Un jour, et ce fut précisément la veille de celui
que Dessalines était entré au Cap, ces troupes se trans-
portèrent sur l'habitation de Toussaint et l'insultèrent.
Poussé à bout par leur insolence, ce général monte à
cheval dans le dessein de se plaindre ; mais il n'est pas

plutôt arrivé aux Gonaïves qu'un aide de camp de Brunet le saisit et lui garrotte les deux mains. Ce fut dans cet état qu'on embarqua et conduisit au Cap ce malheureux et trop crédule chef, dont on ne daigna pas même apprendre les motifs de l'arrestation.

Ce fut le coup de lumière pour Dessalines ; il partit sur-le-champ du Cap dans le dessein de prévenir la 6e et les autres demi-brigades qui étaient cantonnées au Haut-du-Cap, à la Petite-Anse et aux environs de la ville. Il se rend d'abord à la Petite-Anse, parle à Pétion, qu'il voyait pour la première fois, l'engage à prendre son parti, et va de là au Haut-du-Cap, où il raconte à Clervaux ce qui se passe, ce qu'il a vu, ce qu'il a entendu, et termine par le prévenir qu'il a tout à craindre des Français si son régiment rentre en ville. Le général Christophe était bien de son avis ; mais quelques nuages qui s'étaient élevés entre Clervaux et lui, l'avaient empêché de s'aboucher avec ce général. « Le temps de la désunion est passé, leur dit Dessalines, et ce n'est que sur « les blancs que doit se porter notre ressentiment ; quant « à moi, mon parti est déjà pris de mourir leur plus « cruel ennemi ; imitez-moi ou vous êtes perdus. » Sur ces entrefaites, Clervaux reçoit l'ordre de faire rentrer au Cap la 6e demi-brigade ; malgré l'avis de Dessalines il obéit ; le soir même de ce jour toute la demi-brigade était noyée. Heureusement pour ce général, il avait laissé au Haut-du-Cap son épouse et ses effets et s'était retiré de la ville sous prétexte de les y faire ren-

trer (¹). Ce fut à cette époque qu'on ordonna le désarmement général des cultivateurs et des soldats mécontents, de ceux qui s'étaient retirés dans les campagnes.
Ceux du Moustique, situéentre le Môle et le Port-de-
Paix furent les premiers qui s'insurgèrent, parce que le
pays qu'ils habitent, couvert de bois et presque inculte,
offrait moins d'avantage aux Français pour les poursuivre. Dans le même temps, la majeure partie des ateliers de Plaisance, situé dans la commune des Gonaïves
se souleva contre les atrocités que les soldats avaient
exercées contre eux. On confia donc le commandement
de Saint-Marc à Dessalines, qui s'était rendu du Cap à
l'Artibonite où il était la sauvegarde des cultivateurs, et
on envoya à la poursuite des insurgés Brunet (²), nommé vulgairement le gendarme de Leclerc ; Brunet part
des Gonaïves, se rend à Plaisance, qui en est éloigné
de six lieues, y massacre et désarme les cultivateurs

(¹) Ce général portait dans sa soumission au gouvernement français
toute la franchise, la confiance et la loyauté qui font la base de son
caractère.

(²) J'ai toujours cherché à concevoir la conduite de Brunet à l'é-
gard du vertueux général Vernet, qui résidait aux Gonaïves depuis le
traité du gouverneur. Ce général est le neveu par alliance de Toussaint, il joint à la meilleure judiciaire la pratique de toutes les vertus militaires et sociales. Son expérience et la confiance de ses compatriotes étaient cependant des raisons assez fortes pour obtenir une
faveur du jour. Brunet pensait-il que son âge neutralisait son courage et son patriotisme? Nos bons citoyens rendent grâce à Brunet
de l'avoir épargné ; mais Rochambeau, qui l'a vu à Vertière, pourra
dire à Brunet que le général Vernet s'y est comporté d'une autre manière que n'a fait Brunet aux Cayes et que les Français ont dans sa personne le plus cruel ennemi.

qu'il y trouve sans défense, et fuit le plus petit rassemblement de ceux qui veulent repousser la force par la force. Il ne trouve pas un innocent dans le quartier de Plaisance ou du Gros-Morne, il en passe une partie au fil de l'épée, et renvoie l'autre aux Gonaïves pour y être exposée à la potence. Ce n'est plus que supplices et noyades ; hommes, femmes, enfants, vieillards, tous sont des brigands pour Brunet : quels excès de barbarie et d'injustice ! Le gouvernement ordonne la rentrée sur leurs habitations respectives de la part des cultivateurs qui exercent le vagabondage dans les villes, et tous ceux que ses agents trouvent dans les campagnes sont inhumainement fusillés ou pendus. Ces exécutions, loin d'apaiser l'insurrection, la propageaient, et bientôt on fut obligé de demander le général Dessalines, qui partit de Saint-Marc avec les troupes coloniales qu'il commandait. Ce général arrive à Plaisance, y est témoin des cruautés que les Français y exercent, et son parti est bientôt pris. Pétion et la 13e demi-brigade se trouvaient alors à Plaisance, les malheurs communs avaient rapproché ces deux hommes ; ils se communiquent l'un à l'autre leurs sentiments sur ce qui se passait, et Dessalines crut devoir prévenir Pétion sur les dangers qu'il courait s'il rentrait au Cap avec sa troupe. Brunet, cependant, tranquille sur la situation du Gros-Morne et de Plaisance, où il avait laissé des troupes européennes et où il savait que Dessalines était arrivé, poursuivait les rebelles jusqu'au quartier des Pendus, éloigné de trois lieues du Gros-Morne. Dessalines, qui, en recevant l'ordre de marcher

contre les insurgés avait demandé des munitions et
quinze cents fusils, les faisait distribuer par ses soldats
aux cultivateurs révoltés dont ils recevaient de mauvais
fusils. Il apprit alors la mauvaise position de Brunet. Il
envoie à sa poursuite les révoltés, parmi lesquels il mêle
quelques anciens soldats qui cernèrent si bien Brunet,
que celui-ci est obligé de demander du secours à Maurepas, qui commandait au Port-de-Paix. Maurepas ac-
courut et n'osa, pas plus que Brunet, forcer le passage
du Gros-Morne aux Gonaïves. Ces deux généraux re-
tournèrent donc au Port-de-Paix où ils trouvèrent d'autres insurgés en possession du grand fort. A la tête de
ces révoltés était Capoix, jeune homme du caractère le
plus entreprenant, actif, d'une bravoure peu commune
et ennemi déclaré des Français. Il avait été capitaine
dans la 9e demi-brigade et n'avait pas imité la basse soumission des officiers de ce corps.

C'était par des ordres secrets qu'il avait reçus de
Dessalines, qu'il avait attaqué et pris le grand fort
du Port-de-Paix, et fait sortir toutes les munitions
qui s'y trouvèrent. Il n'avait pas jugé à propos de
se renfermer dans ce fort, où il aurait pu être bloqué
et forcé de soutenir un siége qui l'aurait affamé. Il
l'avait évacué dès que les forces de Brunet et de Maurepas avaient paru. On s'attend ici à voir Brunet faire
dans ses rapports au capitaine-général, la mention la
plus honorable du service que venait de lui rendre Maurepas. Ce tigre l'arrêta, et ce malheureux fut noyé dans
la rade du Cap avec une partie de sa famille. Maurepas

— 59 —

s'était rendu aux Français, il avait combattu à la tête de la neuvième demi-brigade qu'il commandait, avait désarmé les noirs; mais Maurepas était riche. Il avait, lors de l'arrivée des forces françaises, donné des sommes immenses au général Debelle; Maurepas était criminel parce qu'il était noir, Maurepas devait sous peu être pendu, noyé ou fusillé; les biens de Maurepas devaient être confisqués; autant valait-il que Brunet profitât de cette aubaine qu'un autre, puisqu'il se trouvait sur les lieux. Quelle logique est la vôtre? O Français!

Pendant que tout ceci se passait au Port-de-Paix, Dessalines réorganisait l'insurrection au Gros-Morne et à Plaisance. Dans ces deux quartiers il disposait dans les postes les plus dangereux, de fortes embuscades composées de soldats et de cultivateurs qu'il avait armés, et affectait d'y faire passer des bataillons français qui étaient à Plaisance et au Gros-Morne, compagnie par compagnie. On juge bien que les troupes du pays en venaient bientôt à bout. Il apprend qu'un fort détachement sorti d'Ennery a l'ordre de rentrer aux Gonaïves, il dispose sous la conduite d'un chef de brigade nommé Julien, une embuscade de soixante hommes, qui exécutèrent si bien son ordre, qu'il ne se sauva par un seul Français. Un bataillon de la légion expéditionnaire était à Saint-Michel, celui-ci fut manqué; il avait déjà reçu ordre de retourner aux Gonaïves. Ces expéditions furent si bien conduites qu'on ne sut pas positivement aux Gonaïves par qui elles étaient dirigées. Cependant en rentrant aux Gonaïves, Dessalines rencontra plusieurs femmes qui fuyaient vers les Mornes et qui lui apprirent que la ville était en rumeur, s'attendant à chaque moment à voir fondre sur elle une nuée de brigands. Ce général n'avait autour de lui que quelques dragons, et ne voulut pas courir les risques de se faire arrêter comme Toussaint l'avait été. Il parcourut les habitations et se composa bientôt une force de cent cinquante hommes qui l'escortèrent sur l'habitation Georges, distante d'une lieue des Gonaïves. Là, résidaient son épouse et sa famille qu'il voulait sauver. Quelle est sa surprise quand il trouve sa maison entourée par une nombreuse garde? A son aspect les Français sont décontenancés; le commandant balbutie et prétend n'avoir été là que pour garder son épouse, d'après les bruits qui couraient que les brigands menaçaient de fondre sur les Gonaïves. Le général de brigade Vernet, conservé commandant de l'arrondissement des Gonaïves, résidait à peu de distance de cette habitation. Cet officier, prévenu par le général Dessalines, attendait dans les transes que son absence augmentait de plus en plus, sa rupture avec les Français, et n'avait pu s'opposer à ce que la garnison française envoyât une garde qui n'avait pour objet que de protéger l'épouse de son général. Dessalines, feignant la colère la plus outrée et fort des soldats qu'avaient recrutés les officiers qu'il avait commis pour cette opération, ordonna à la garde européenne de se retirer. Il se rend lui-même aux Gonaïves et demande le commandant de la place, auquel il jure que s'il ne fait cesser les bruits injurieux qui se débitent contre sa

personne, il expose sa garnison à être assaillie par ses
troupes. Les Français rassurés semblent soumis et prêts
à le suivre contre les brigands. Dessalines, satisfait de
leur soumission, se retire et médite un coup plus hardi
et qui ne manqua que par trop de précipitation. Il ordonne au général de brigade Vernet de faire cantonner
le chef de brigade Gabart et la troupe sous ses ordres à
une distance raisonnable des Gonaïves, lui défend d'attaquer avant d'en avoir reçu l'ordre. Il prend avec lui
quelques compagnies de dragons, se rend à l'Artibonite, résolu d'enlever la Crête-à-Pierrot où étaient renfermés trois cents Français, il trouve, comme il l'avait
ordonné, trois mille cultivateurs armés, leur ordonne
de faire sur le bourg de la Petite-Rivière une fausse attaque, tandis qu'il feindra d'avoir passé au travers
d'eux pour porter du secours aux Français. Malheureusement les noirs font une attaque réelle et sont repous-
sés. Dessalines, conservant toute sa présence d'esprit,
entre à la tête du petit nombre de dragons qu'il avait
emmenés, et feignant d'avoir couru les plus grands dangers, il ordonne au chef de bataillon Andrieux qui
commandait la Crête-à-Pierrot de l'évacuer, puisqu'il
n'est plus possible aux Français d'y résister. Celui-ci
refuse sous différents prétextes. Déjà le complot est fait
pour l'arrêter, il s'aperçoit qu'il est suivi par une garde
qui se dit envoyée pour son escorte, il la dissipe en
menaçant de fusiller le premier qui ne se retirera pas ;
se transporte chez le commandant, et là, somme Andrieux d'avoir à évacuer le fort ou, dans une heure sa

4

garnison sera passée au fil de l'épée. Le fort tire le canon d'alarme pour demander du secours à Saint-Marc ; trois mille cultivateurs se présentent dans le bourg. Andrieux et sa garnison escaladent les remparts du fort et gagnent la grande route qui mène à Saint-Marc. Sa marche est découverte, il est poursuivi, et à peine une douzaine d'hommes rentrent avec lui à Saint-Marc, d'où le général Fressinet sortait pour lui porter secours. Fressinet à son tour est poursuivi et obligé de se renfermer dans ses murs.

Pendant que Dessalines s'occupe à mettre en sûreté les munitions qu'avaient abandonnées les Français à la Crête-à-Pierrot, il instruit le général Vernet de la déroute des Français, et le prévient qu'il est temps d'attaquer les Gonaïves avant que la nouvelle de sa révolte n'y soit parvenue.

Le général Vernet était d'avis de faire faire l'attaque de la place par les cultivateurs insurgés, et de faire ensuite entrer la 4e demi-brigade commandée par Gabart, sous prétexte d'apporter du secours à la place, et de tomber ensuite sur la garnison. Ce plan était parfaitement bien conçu, mais il manqua par l'impétuosité naturelle de Gabart. Ennemi des lenteurs, brûlant du désir de se signaler, Gabart marche à la tête de sa troupe et arrive au moment où les cultivateurs repliaient. Les remparts étaient encore bordés par les Français qui crièrent qui vive ! Au nom de 3e bataillon de la 5e légère que portait la 4e coloniale, les portes sont ouvertes à Gabart. Sa troupe allait entrer, lorsqu'un capitaine de grenadiers (Victor) s'écrie : Nous sommes vos ennemis, tirez; nous allons faire feu. Les Français, toujours en bataille, font feu sur la 4ᵉ, qui ne pouvait rien contre les remparts qui couvraient l'ennemi. Nos troupes prennent le parti de la retraite.

Le général Dessalines arrivait alors : il avait marché toute la nuit; accablé de fatigue, il s'était étendu dans le grand chemin où à peine il prenait quelque repos, que le bruit du canon l'avait réveillé.

A sa présence, les troupes jettent leur cri accoutumée : Le général Dessalines est avec nous, le général, Dessalines arrive.

Dessalines ordonne l'assaut; les Français, que la frayeur saisit, désertent la place et gagnent précipitamment le bord de la mer. Nos troupes sont déjà dans la place et chargent l'ennemi qui s'adosse contre un fort qui garantissait la rade, en attendant que les canots viennent à son secours; bientôt il gagne le large, tirant à peine quelques coups de fusil sur nos troupes rangées en bataille sur le rivage. Le lendemain les Français quittent les Gonaïves.

Après ce qui s'était passé à la Petite-Rivière et aux Gonaïves, les Français ne doutèrent plus de la révolte de Dessalines; cependant le général français Quentin, qui commandait à Saint-Marc, prit le parti de lui écrire. Il lui manda que des bruits auxquels il ne pouvait ajouter foi, lui apprenaient qu'il avait levé l'étendard de la révolte contre le gouvernement français, mais qu'il le connaissait trop pour le supposer capable d'une conduite aussi opposée à ses intérêts et à ceux de ses troupes.

J'ai arboré l'étendard de la révolte, répondit Dessalines, parce qu'il est temps d'apprendre aux Français qu'ils sont des monstres que cette terre dévore trop lentement pour le bonheur de l'humanité. J'ai pris la Petite-Rivière et les Gonaïves; demain je marche contre Saint-Marc.

Il tint sa promesse, et parut le lendemain devant Saint-Marc. Personne mieux que lui ne savait manier les troupes noires et les conduire au feu ; il le savait et donnait toujours la meilleure partie de ses troupes de ligne à ceux de ses officiers auxquels il confiait une expédition. Lorsqu'il se présenta devant Saint-Marc, sa force n'était composée que de la garde nationale de l'Artibonite, qu'il avait armée à la hâte, troupe sur laquelle il comptait peu, mais qu'il voulait aguerrir en la faisant combattre en rase campagne. Pendant les huit jours que dura le siége de Saint-Marc, Quentin fit deux sorties où il fut repoussé par le petit nombre de troupes tirées de la 4ᵉ et de la 10ᵉ ; mais la garde nationale secondant peu la troupe de ligne, Dessalines profita d'un temps favorable, leva le siége, décidé à ne plus marcher à l'ennemi qu'après avoir réorganisé ses troupes en régiment. Il se retira à l'Artibonite dans ce dessein.

La terreur qu'avait inspirée le nom français régnait encore dans les campagnes, les anciens soldats et les cultivateurs ne sortaient pas encore de leurs retraites; Dessalines avait peu de munitions, il prend la résolution la plus patriotique, ne balance pas entre le salut public et la mort de quelques lâches ; il ordonne que de nombreuses patrouilles parcourent la plaine et les Mornes pour y rassembler les hommes en état de porter les armes, fait faire feu sur tous ceux qui refusent à marcher, et parvient en moins de huit jours à former quatre demi-brigades qu'il exerce tous les jours au maniement des armes.

Ce fut en ce temps que le capitaine-général Leclerc, qui avait tout à craindre de la défection des troupes du pays campées près du Cap, résolut de les chasser après avoir tout tenté pour les ramener au parti du gouvernement.

On les attaqua la première fois, mais infructueusement ; elles furent repoussées à la seconde affaire, emportant leurs canons qu'elles ne pouvaient plus tirer faute de munitions. Pétion, qui sentait tout l'embarras de sa position et de celle de sa troupe, résolut de se joindre au général Dessalines, qu'il regardait comme le général en chef depuis l'embarquement de Toussaint-L'Ouverture. Il n'en était pas de même de tous les chefs qui, dans une calamité semblable, prêtaient à l'ambition du commandement une oreille assez complaisante pour s'abuser sur les résultats qu'entraînerait le choix d'un chef autre que Dessalines.

D'ailleurs Dessalines possédait seul ce qu'on pouvait appeler la force armée ; lui seul encore était capable de discipliner des hommes qui, déjà territorisés par les supplices et les noyades, ne savaient plus que combattre

4.

dans les bois, où ils se défendaient en cherchant à vendre chère une vie pleine d'amertumes et d'opprobres, et qui ne survivaient à la liberté que pour se venger.

Toutes ces considérations jointes au peu d'ensemble et d'accord qui régnaient dans les troupes nouvellement soulevées, engagèrent Pétion à se réunir aux forces commandées par Dessalines.

Par une suite de l'ambition qui dévorait déjà les commandans de l'insurrection du Nord, plusieurs d'entre eux avaient fait scission avec les généraux Christophe et Clervaux ; les malheureux se divisaient avant d'avoir pu se réunir.

Les Congos et presque la généralité des noirs de la Guinée, étaient maîtres des quartiers de la Grande-Rivière, du Dondon et de la Marmelade, et disposés à combattre également les troupes du pays qui venaient d'abandonner les Français, et les Français eux-mêmes. Pétion n'ignorait pas qu'il aurait à combattre ce parti qui prétendait avoir à sa tête le seul général en chef (¹).

Pétion avait peu ou presque point de munitions, le danger pressait ; s'il tardait, il pouvait essuyer une sortie de la part des Français et se trouver cerné dans sa retraite ; il fit route pour l'ouest, et après quelques combats qu'il essuya, il pénétra aux Gonaïves et se réunit à Dessalines.

(¹) Ils prétendaient avoir à leur tête le seul général en chef, et Sans-Souci, Noël, Jacques Tellier, chefs de bandes, se disputaient entre eux ce titre.

Christophe et Clervaux restèrent dans le Nord et sou-
tinrent avec une constance admirable les efforts des
Français et des Congos réunis contre leurs troupes.

Ce fut en ce temps que mourut le capitaine-général
Leclerc. J'ignore comme tant d'autres de quel genre de
mort il mourut. Il s'était trouvé à la seconde sortie contre Christophe et Clervaux, au Haut-du-Cap, où l'on
prétend qu'il fut atteint d'une balle. Les uns attribuent
sa mort à la maladie, d'autres la mettent sur le compte
du premier consul, qui aspirait pour sa sœur à une alliance plus relevée que celle du neveu de Musquinet de
la Plagne, pendu en effigie pour vols. Il importait à
l'humanité que le nombre des tyrans diminuât, et sa
disparition ou sa mort fut un bien.

Quel monstre lui succéda! Mais n'anticipons pas. Dugua, chef de l'état-major général, mort empoisonné;
Debelle ainsi qu'une foule d'officiers-généraux dispa-
rus; Fréron, envoyé sous-préfet aux Cayes (¹), empoisonné par les colons parce qu'il était juste et n'enten-

(¹) Fréron aurait préservé le département du Sud des horreurs
qu'ont exercées Laplume et consorts. Les colons le savaient bien
et l'ont empoisonné sur l'habitation Bourjoly, dans la plaine des
Cayes.

Cet ex-représentant à la Convention·nationale de France est un
exemple des vicissitudes de la fortune Il avait été le protecteur, l'ami
et allait devenir le beau-frère de Bonaparte en l'an iv, et ne se trouvait plus, en l'an x, que le très-subalterne·sous-tyran sous les ordres
du vil proconsul qui avait épousé sa maîtresse, de Marseille, la prin-
cesse Paulette Borghèse. Les lettres de ce sous-préfet, celles de Lucien
Bonaparte, du général Lapoype et de Paulette, veuve Leclerc, que je
rapporte à la fin de ces Mémoires, exerceront d'une manière plaisante
les réflexions du lecteur.

dait rien ou ne voulait rien entendre au système à la
mode ; Benezech, préfet colonial, empoisonné, tout le
parti du beau-frère anéanti depuis sa mort ; Boudet, le
renard, le roué par excellence, celui des généraux français qui fit le moins de mal (parce qu'il avait déterré dès
le commencement l'argent qu'il voulait avoir), partant
pour France et se souciant peu de revenir dans un
pays où il n'y avait plus, comme il le disait à son départ, que des coups à gagner ; Salm, renvoyé parce qu'il
volait sans partager avec qui que ce soit ; Hardy, mort
peu regretté parce qu'il voulait ou prolonger la guerre,
ou épargner le sang, en conseillant publiquement aux
noirs de fuir le séjour des villes ; Martial-Besse, mulâtre, venu avec les Français, embarqué forcément après
une expédition où il ramena par la persuasion les cultivateurs de l'île de la Tortue, qu'on voulait exterminer ; les campagnes habitées par les cultivateurs, et les
troupes du pays en armes, les villes n'offraient plus que
le dégoûtant spectacle d'un hôpital général et dont la
terreur avait fait autant de cimetières, l'insurrection
presque générale, les rênes du gouvernement tellement
relâchées que les révoltés recevaient des sous-tyrans,
des marins et des militaires qu'on ne payait pas, la poudre, les armes et les munitions dont ils avaient besoin ;
des commandans français bramant après leur retour
dans leur patrie, et livrant ou désertant leurs postes au
premier feu de l'ennemi ; les négocians appauvris par
les emprunts du gouvernement, et sans crédit parce que
des généraux occupaient toutes les affaires et saisissaient

la paucité des denrées qui entraient du dehors dans les villes ; les préposés d'administration dilapidant à l'envi les finances ; enfin, nègres, mulâtres et blancs, soldats, généraux, administrateurs, Français, Polonais, Espagnols et l'île entière maudissant et votre nom et la mémoire de l'époux que vous m'avez donné, voilà ce qu'à produit à Saint-Domingue votre expédition, aura pu dire au premier brigand de l'Europe, Paulette Bonaparte, apportant les restes de son infâme époux, accompagnée de tous ses partisans, couverts des dépouilles des milliers de victimes courbées sous la hache des licteurs du proconsul de Saint-Domingue.

Vous savez ce qu'a valu la curée ; les renards sont avec moi rentrés en France ; mais j'ai laissé les tigres à Saint-Domingue.

Après la mort de Leclerc, Daure, préfet colonial, qui avait remplacé Benezech, remua pendant quelques jours le gouvernail de la barque, dont chacun avait enlevé une pièce, et la remit à Rochambeau. Il faut que je m'arrête ici... Je vais produire en scène un monstre d'une nature si extraordinaire, que j'ai besoin de me recueillir pour ne pas être accusé de franchir les bornes de l'impartialité la plus sévère, en lui donnant les véritables couleurs.

Daure était plus fait pour ramener les esprits ; il avait des talents et plus de mœurs que Rochambeau ; il n'aimait pas le sang, et en épargnant celui des noirs, il eût rendu ceux-ci plus avares de celui de ses compatriotes.

Rochambeau, depuis longtemps désigné par les co_
lons et la masse des propriétaires comme le seul général capable de sauver la colonie, par les connaissances
locales qu'il avait acquises, saccada le gouvernement
lorsqu'il en eut pris les rênes, et ne se donna pas la
peine de ramener des esprits aigris, mais qui pouvaient
espérer un changement plus heureux depuis la mort de
Leclerc.

Ce fut à son avénement au consulat provisoire, où
l'appelaient tous les intéressés à l'ancien système, que
Saint-Domingue devint une forêt de gibets, que les
vaisseaux devinrent des geôles, que les cadavres des
Français que la justice divine moissonnait par la main
impartiale de l'épidémie, furent confondus avec ceux
des noirs sacrifiés au système atroce de la dépopula-
tion.

Ce fut sous le gouvernement de ce monstre incon-
cevable dans sa cruauté, que le sang des noirs et
jaunes paraissait rejaillir sur les satellites du gouvernement français.

Au Cap, chaque jour on voyait traîner au supplice
quelques centaines de noirs et de mulâtres restés paisibles en ville, et qui étaient toujours accusés de com-
plicité avec les rebelles du dehors, s'ils possédaient
quelques propriétés. Chaque jour aussi, nègres et mulâtres contemplaient, avec une satisfaction vengeresse,
quinze ou vingt voitures traînant, non hors des portes,
mais dans le cimetière *intra-muros*, les corps de leurs
bourreaux que le climat dévorait. On vit de ces mal-

heureux chanter en allant au gibet, et se consoler de
la dureté de leur sort par la mort de leurs oppresseurs.
On leur ôta cette consolation, et bientôt les Européens
malades furent évacués à l'île de la Tortue. C'était là
où les attendait la vengeance [1].

Au Port-au-Prince, Lavalette avait succédé à Rochambeau, et suivait si exactement les instructions de
celui-ci, qu'il fut conservé jusqu'à la fin. Aux Cayes,
le bon, le sensible Desbureaux n'était pas en réalité
commandant du département du Sud, mais n'y avait été
envoyé que pour transmettre à Laplume les ordres san-
guinaires de Rochambeau et en surveiller l'exécution.

A Jérémie, Darbois [2] secondait trop puissamment les
vues du gouvernement pour qu'on songeât à le relever.

A Saint-Marc, les commandans se succédaient rapi-

[1] Capoix médite une expédition contre l'île de la Tortue ; il y a, du
Petit-Saint-Louis où il commande, trois lieues de canal à traverser, il
n'a que de faibles canots ; il y envoie deux espions, puis cent hommes
qui enlevèrent tous les postes que les Français avaient dans cette île
en moins de dix jours. Un vaisseau vient au secours des Français, la
troupe de Capoix, commandée par l'intelligent chef de bataillon Vin-
cent Louis, a le temps d'égorger tous les malades et une quantité
considérable de blancs, fait traverser le canal à toutes les femmes qui
furent trouvées à la Tortue.

Capoix, malgré le vaisseau qui croisait devant l'île, fait parvenir de
l'eau et des vivres à sa troupe, et quant il présume que la population blanche de la Tortue est détruite, il rassemble tous les canots
qu'il possède et rappelle sa troupe. Cette expédition seule mérite,
par sa hardiesse, la réputation que le général Capoix s'est acquise par
tant d'autres traits qui l'immortalisent.

[2] Darbois est le premier qui ait jeté dans un fourneau quinze noirs
ou mulâtres. Ce fait est trop connu pour être révoqué en doute. Un
individu échappé à ce cruel supplice existe encore à Jérémie.

dement, comme s'ils eussent tous voulu fuir ce lieu, jadis la demeure de Dessalines.

A Jacmel, commandait un créole (¹), espèce de spadassin, homme grossier, et plus propre à être un de ces soutiens des maisons publiques qu'à commander à des troupes.

Au Môle, Latouche-Tréville régnait sur la marine, demandait des grades pour des lieutenans et des enseignes qui n'avaient pas le courage de combattre les barges ou pour mieux dire les pirogues des noirs qui communiquaient des Gonaïves à l'Anse-à-Veau, et de là à Jérémie. Là, ce chef des geôles flottantes, aussi crapuleux dans ses goûts que dans sa vie, torturait ou faisait torturer, par la canaille maritime à ses ordres, les malheureux noirs ou jaunes constitués prisonniers à bord de ces bastilles républicaines, où telle mère, telle épouse, croyait avoir nourri son fils ou son époux depuis trois mois, tandis que l'infortuné avait été noyé le jour même de son embarquement.

Delpech commandait toujours au Petit-Goave, sous les ordres de Pageot. Les villes que je viens de nommer étaient à peu près les seules de quelque importance que les Français voulussent conserver, et encore n'était-ce que par le concours des gardes nationaux, tous noirs ou jaunes, qu'on parvenait à y faire régner une ombre de police. Rochambeau donna tous ses soins à l'organisation du corps de la gendarmerie, que la mort

(¹) Pageot, créole blanc, l'être le plus insignifiant, renvoyé pour commander à Saint-Domingue, on ne sait comment ni pourquoi.

de Leclerc avait laissée imparfaite. Il fut arrêté que ce corps serait composé d'un tiers d'Européens, et de deux tires de noirs et de jaunes anciennement libres, ou pour mieux dire qui n'étaient pas esclaves. Les bâtiments caboteurs ne pouvaient plus être commandés par des noirs ou des mulâtres ; l'équipage de ces bâtiments ne pouvait avoir qu'un tiers d'hommes du pays (¹).

Nul ne pouvait être gérant, procureur ou économe d'une habitation, s'il n'était Européen (²).

Tout nègre ou mulâtre qui était esclave avant la révolution rentrait sous les lois de son maître, qui le louait et en tirait le parti qu'il voulait (³).

L'ancien régime enfin était réorganisé.

Le gouvernement s'apperçut qu'il était ridicule que les ci-devant esclaves rentrassent sous la domination de leurs maîtres, tandis que la majeure partie des officiers qui avaient servi sous Toussaint et Rigaud, et qui étaient restés fidèles aux Français, portaient les décorations militaires. Il fut décidé que tous ces officiers se rassembleraient dans les villes capitales des départe-

---

(¹) Cet arrêté était très-prudent, puisque ces bâtiments n'étaient destinés qu'à noyer les noirs et les jaunes.

(²) Les blancs ne prétendaient plus payer que le quart des denrées dû aux cultivateurs, et il était à craindre qu'un noir ou un homme de couleur ne leur fît ouvrir les yeux sur leurs intérêts.

(³) On vit alors la femme d'un officier général, celles de plusieurs officiers supérieurs obligées de donner à leurs ci-devant maîtres jusqu'à quatre cents portugaises pour se racheter et ne pas tomber dans l'humiliante situation de servir une maîtresse arrogante qui, souvent n'ayant pas une chemise, refusait de recevoir l'argent de sa prétendue esclave.

mens où ils se trouvaient, et formeraient des compagnies appelées d'élite.

Ces compagnies furent formées pour la garde des généraux, qui avaient la bassesse de souffrir qu'un chef de bataillon, un capitaine couvert de blessures qu'il avait reçues en combattant contre les Anglais, montassent la garde devant leur porte avec leurs décorations et le fusil du soldat.

Ces arrêtés du préjugé écrasèrent tellement quelques-uns de ces chefs, qu'il s'en trouva qui se crurent trop heureux de rentrer sous les ordres de leurs maîtres ou de fuir dans les pays étrangers (¹).

Le nègre ou le mulâtre qui s'était cru libre depuis

(¹) Aux Cayes, un jeune homme de couleur, nommé Hilaire Marmande, du régiment de Faubert, se trouva dans ce premier cas, et rentra au service d'un de ces forcenés, appelé Didier, né en Lorraine, devenu l'oracle des officiers de marine, et surtout de Willaumez, qui protégeait son habitation située sur le rivage de la mer. Ce Willaumez et un certain de Péronne, commandant l'*Intrépide*, recevait des cadeaux *conséquents* de Didier, qui s'était mésallié en épousant une femme de couleur, mais qui rougissait de son état, et recevait à leur bord ou les noirs que cet habitant voulait vendre ou les révolutionnaires qu'il craignait. Il a été depuis assassiné sur l'île à Vache, où il occupait ses prétendues esclaves à faire des bois, et ni la surveillance de Willaumez, qui commandait alors la rade aux Cayes sur la *Surveillante*, ni sa confiance aux fidèles noirs dont il armait sa barque, n'ont pu empêcher qu'il ne subît le sort qu'il avait mérité.

Dans cette même ville, un pharmacien, nommé Sénéchal, avait reçu d'un domestique qui l'avait servi fidèlement, une somme de vingt-cinq portugaises pour sa liberté. Ce domestique fut conseillé de prendre ses sûretés et d'obtenir de Sénéchal une quittance antidatée ; Sénéchal alla trouver le conseil et lui dit : Adonis (c'était le nom de ce serviteur) m'a toujours fidèlement servi, mais il a connu la liberté ; il sera pendu comme les autres ; c'est toujours vingt-cinq portugaises de gagnées.

douze ans, parce que depuis douze ans il combattait
pour sa liberté, se voyait dépouillé de la propriété que
son industrie lui avait acquise, qu'il avait améliorée en
y répandant ses sueurs. Sa propriété devenait, sans autre forme de procès, celle de son maître, ou revenait au
vendeur, sans que celui-ci fût tenu à aucun dédomma-
gement, à aucune remise. La police des villes était dic-
tée et dirigée par des gens de la réputation la plus vé-
reuse, par des tripotiers tous rançonneurs, des commandans militaires, des sous-préfets et des généraux[1].
Les arrestations, les visites domiciliaires qui ne se faisaient que de nuit, étaient faites par des capitaines de
gendarmerie qui s'emparaient de tous les meubles et
effets de la personne arrêtée et toujours aussi de celles
chez lesquelles les infortunés étaient arrêtés. Arrêter,
noyer ou pendre, signifiaient la même chose. Ces barbares avaient créé un nouveau vocabulaire. Noyer deux
cents individus, c'était un coup de filet national; pendre, c'était monter en grade; être dévoré par les chiens,
c'était descendre dans l'arène; fusiller, c'était laver la
figure avec du plomb, et brûler enfin, c'était opérer chau-
dement.

Quel horrible langage! et c'était contre des gens
qu'ils méprisaient, que leur barbarie s'ingéniait à faire
de l'esprit. O Français! vous ne serez bientôt que les
seuls esclaves de la terre.

[1] Un nègre ou un mulâtre devait-il à un blanc, il payait sur-le-champ
parce qu'on l'eût noyé; le blanc devait-il, il ne payait pas, parce qu'il
eût fait noyer le créancier noir ou jaune qui eût été assez hardi pour
lui intenter un procès.

Rochambeau ou les tyrans en sous ordre sanctionnaient par leur silence ou leur approbation les actes de la tyrannie la plus révoltante et croyaient sauver le pays (¹).

Cependant les plus fins parmi les colons profitaient des dispositions liberticides du gouvernement, pour embarquer la majeure partie de leurs ateliers, qu'ils faisaient passer aux îles neutres. Plusieurs les déposaient sur des îlots voisins des ports, sous prétexte de faire du bois, mais c'était pour les trouver au besoin.

Cette rigueur de la part d'un gouvernement contre lequel les hommes du pays étaient d'autant plus en garde que les colons chantaient hautement les éloges de Rochambeau, loin de refréner les mécontents, donna lieu à une insurrection générale.

Pilote tant prôné, tenez bien le gouvernail : la tourmente sera terrible.

Dessalines était parvenu à organiser ses troupes et à les augmenter du nombre de tous les malheureux que la tyrannie chassait des villes, mais il avait peu de munitions. Dans plusieurs occasions où il fallait tomber sur l'ennemi, il avait été réduit à dix paquets de cartouches. C'était dans ces moments que son génie lui faisait trouver des ressources et de l'encouragement

---

(¹) Jamais on ne décerna tant de récompenses militaires que sous le gouvernement de ce tigre ; le bulletin officiel de l'armée annonçait chaque jour qu'un sabre d'honneur, un fusil d'honneur avaient été accordés à tels et tels..... et pour quelle action, grand Dieu? pour avoir noyé, pendu ou fait dévorer par des chiens des hommes qui voulaient être libres.

dans le sein de la pénurie même. Il parcourait les rangs, choisissait les anciens militaires dont la témérité lui était connue, donnait deux cartouches à chacun en les exhortant d'aller vider la giberne d'un blanc. C'est ainsi que l'homme fait pour commander, sait tirer parti de la gêne et faire un point d'honneur d'un acte de né-cessité.

La 13e demi-brigade l'avait joint et brûlait de porter l'insurrection dans le Sud d'où elle était exilée depuis longtemps.

Dessalines profite de la bonne disposition de ce corps, et juge nécessaire de balayer le Mirebalais et le Cul-de-Sac, pour lui laisser libre le passage du Sud.

Il laisse peu de monde à l'Artibonite et porte toute sa force au Mirebalais, détruit les troupes blanches dans ce quartier, paraît tout à coup dans la riche plaine du Cul-de-Sac et force les troupes européennes à se ren-fermer dans les postes ou block-haousses qu'ils ont construits sur diverses habitations.

Son expérience, les combats qu'il avait livrés depuis le commencement de la révolution, lui avaient appris que rien n'est plus fait pour intimider son ennemi que le feu ; tout à coup, la plaine, les montagnes, tout n'of-fre au Port-au-Prince épouvanté, que l'image d'un in-cendie général. Sucreries, caféyères, cotonneries, tout devient la proie des flammes, et les colons consternés apprennent en gémissant que Rochambeau n'a pas plus arrêté ce fléau que celui de la guerre qu'il n'a fait que rallumer.

Quelles leçons terribles pour les seuls habitans qui eussent osé écrire pour demander que la nomination de Rochambeau fût confirmée par le premier consul (¹).

Cette expédition nous coûta, à la vérité, du monde, le chef de brigade Gabart, alors général, y fut dangereusement blessé, mais nous avions la clé du Sud.

Avant de jeter des troupes dans cette partie, Dessalines voulut connaître la situation de ce département et l'esprit de ses habitans.

Le Petit-Goave, dernière commune de l'Ouest, avait été pris sur les Français par la courageuse résolution du jeune Lamarre, de Robert Desmarattes et d'une poignée de jeunes gens que les injustices du gouvernement révoltaient. Delpech avait été embarqué et envoyé en France (²).

Le pont de Miragoane, limite du département du Sud, était gardé par quelques compagnies de la 90ᵉ demi-brigade et par quelques détachemens d'hommes de couleur et de noirs connus sous le nom de chasseurs créoles (³).

(¹) Le vœu de ces habitans est exprimé dans une adresse qu'on a déjà publiée. Lecteurs, lisez cette adresse et plaignez ensuite ces habitans; si vous les trouvez à plaindre. *Ranæ regem petentes.*

(²) Brouard père, sexagénaire, donna en cette occasion la preuve de la plus grande fermeté et l'exemple aux jeunes gens; il s'enferme dans le fort où est Lamarre, et, armé d'un fusil, il est le dernier à cesser de tirer. La famille de ce vieillard était poursuivie avec un acharnement que la cruauté seule peut concevoir.

(³) Ces compagnies étaient de l'invention de Rochambeau, qui sentait mieux que Leclerc que les blancs ne peuvent, comme les na-

Aux Cayes, la tuerie était journalière. On venait d'y pendre le commandant du Petit-Trou, jeune homme de couleur, et Bardet, le même qui pour prix de son attachement pour les Français, de chef de bataillon, avait été envoyé capitaine de gendarmerie au même endroit, fut noyé dans la rade des Cayes [1].

Là, commandait Berger, le loup cervier de la partie du Sud; ce monstre, digne émule de Darbois, noyait impitoyablement et sans distinction tout ce qui n'était pas blanc [2].

Desbureaux avait été rappelé, il était trop humain, et les habitans blancs voulaient du sang et des noyades [3].

Lassé de tant d'horreurs, les insurrections prirent tout à coup dans le département. Nouvel aliment à la férocité européenne. On sut, dans plusieurs occasions, faire de Laplume et de Nérette les assassins de leurs

turels du pays, résister aux fatigues de la marche dans les montagnes.

[1] Bardet fut récompensé comme Maurepas; fiez-vous aux Français, adorateurs des blancs !

[2] Si chaque ville de Saint-Domingue eût eu un pareil commandant, l'île était dépeuplée en vingt-quatre heures. Inventeurs d'instruments et de genres de supplices, Français ingénieux, je vous défie d'en trouver d'assez cruels pour être proportionnés aux crimes qu'a commis cet antropophage.

[3] La vérité menace de mettre ces mémoires au nombre de ces écrits stylés par une main vénale, si je ne rends à ce digne et estimable général l'hommage dû à son humanité, à sa modération et à son aversion pour toutes les mesures du gouvernement qui tendaient à verser du sang. Mânes de mes compatriotes assassinés aux Cayes, Desbureaux vous plaignit sans vous pouvoir sauver. Vous ne l'accuserez pas.

compatriotes. Ces deux chefs, revêtus de la puissance suprême dans ce département, fiers alors de n'y être sous les ordres d'aucun des généraux européens, et voulant justifier la confiance qu'une politique infernale leur accordait, auraient exterminé leurs propres troupes pour obtenir une lettre de félicitations de Donatien Rochambeau (¹).

Vingt-deux officiers de ceux qu'on avait décorés du nom d'officiers d'élite, venaient d'être noyés dans la rade de Saint-Louis par ordre de Nérette et de Laplume (²).

(¹) Nérette surtout, que l'idée d'aller en France et d'y jouer un rôle par ses richesses, transportait au troisième ciel, eût pendu de ses mains son propre père. Il montrait à chaque courrier, avec une complaisance fastueuse, les lettres qu'il recevait de Rochambeau ; honneur que lui avait valu l'assassinat du jeune Charlemagne Hérard, qu'il fit fusiller sur la place d'Aquin. Qu'avait fait ce jeune homme ? il avait répondu à un certain Lamothe, blanc qui le menaçait de se venger de quelques frasques de jeune homme : Votre règne peut finir comme le nôtre.

(²) J'étais allé à bord de la frégate la *Clorinde* en station à Saint-Louis, lorsque ces malheureux y arrivèrent. De ce nombre était le commandant de la place Moulin ; l'honnête monsieur Lebozec, qui commandait la frégate, les reçut avec son humanité ordinaire ; mais les ordres étant qu'ils fussent mis au secret, on les enchaîna au fond de cale. Quelques jours après leur arrestation, Laplume et Nérette étaient au cordon, où ils tremblaient que les insurgés ne vinssent fondre sur leur arrondissement. Berger dépêche Kerpoisson, lieutenant du port aux Cayes, avec ordre de noyer dix-neuf prisonniers qui doivent être à bord de la *Clorinde*, sans les désigner nominativement. Kerpoisson arrive et présente son ordre : « J'ai reçu vingt-deux prisonniers, dit monsieur Lebozec, lesquels demandez-vous ? » Tous, répond précipitamment le bourreau, et surtout Lefranc. (Celui-ci n'était pas compris dans l'ordre, mais c'était un ancien colonel, ci-devant commandant à Saint-Louis, que tous les blancs, sans en excepter un, poursui-

Les flots rapportaient tous les jours, sur le rivage, les cadavres des malheureux qu'on ne voulait pas pendre, parce qu'on leur supposait de l'influence. Les barbares! ils mettaient de la lâcheté jusque dans leurs exécutions.

Les Cayes allaient dévorer la population du Sud, s'il ne se fût trouvé au Port-Salut un de ces hommes faits pour représenter la Divinité sur la terre : c'était le brave Férou, officier sans ambition, plein de courage et distingué par toutes les vertus qui caractérisent le vrai, l'honnête militaire. Les Français jugeant, par le caractère doux de cet officier, qu'il pouvait être réservé pour les dernières expéditions (car tous les anciens militaires devaient être, préférablement à tous autres, exécutés), lui avaient conservé l'ombre du commandement aux Côteaux. Il avait crié aux armes à la vue des cadavres qui venaient journellement échouer sur la plage, comme s'ils accusaient la faiblesse de leurs compatriotes.

A la voix de ce militaire, que tous les jeunes gens portaient dans leurs cœurs, tous avaient volé, et déjà

vaient depuis longtemps.) « Je ne suis pas un bourreau, répondit Le-
« bozec, je ne me joue pas de la vie de mes semblables, allez prendre
« de nouveaux ordres qui m'indiquent les personnes qu'on demande,
« et je vous les remettrai. Quant à Lefranc, il est ici par les ordres du
« général Laplume, et je ne le remettrai qu'à son ordre. »

Kerpoisson, à peine sorti de la rade, noya toutes ces victimes avec la précaution de leur faire respirer du soufre.

Au retour de Laplume, Lefranc eut son tour, et donna la meilleure partie de son argent à Kerpoisson, qui l'assura qu'il le mettrait à bord d'un bâtiment qui portait sa famille à Curaçao.

5

une partie de la belle plaine du Fond était révoltée ; les blancs ne pouvaient plus y paraître. Plusieurs qui avaient été assez hardis pour se transporter sur leurs habitations, avaient péri par la main de leurs cultivateurs. Tout paraissait perdu si Férou était secondé.

Dessalines, à cette nouvelle, vit qu'il était temps de seconder les efforts des révoltés du Sud, et envoie à leur secours la 13e demi-brigade, sous les ordres de Nicolas Geffrard, ancien colonel sous le gouvernement de Rigaud, officier joignant à la valeur la plus prononcée un esprit d'ordre, de discipline, qui était nécessaire pour contenir des troupes qui rentraient dans leurs foyers après une si longue absence, et qui y portaient le ressentiment des peines que leur avaient fait essuyer les colons du Sud.

Geffrard (1) eut à surmonter les mêmes obstacles qu'avait trouvés Pétion à la Marmelade.

L'Amour-Dérance, noir africain (2), était campé dans

---

(1) Ce militaire avait été colonel de la 4e demi-brigade du Sud ; à l'invasion de ce département par les troupes du Nord, il s'était retiré à l'île de Cuba, d'où il était rentré à Saint-Domingue, lorsque Leclerc y envoya prendre les personnes qui s'y étaient retirées après la guerre du Sud. Quand on déporta Rigaud, on n'épargna pas les perquisitions pour arrêter Geffrard, mais il eut le bonheur d'échapper aux tyrans.

(2) Sous les ordres de ce chef noir, commandait Cangé, général de brigade qui, dans les troubles du Sud où il servait, avait dû son salut au général Dessalines, qui l'avait reçu comme simple grenadier dans son régiment.

Lorsque les troupes du pays se révoltèrent contre le gouvernement français, Cangé avait facilement obtenu de son général la permission de passer au Petit-Goave, son quartier, où il avait la plus grande influence pour y soulever les mécontents. Il avait réussi ; mais la fac-

les montagnes de Jacmel, et les rassemblemens à la tête où il se trouvait, s'étendaient jusqu'à Léogane et au Petit-Goâve.

Adonné à toutes les superstitions des Africains, cet homme était parvenu à se faire nommer par eux général en chef. Il avait assassiné un noir créole (Michel Celle, homme droit, et qui ne combattait que pour la liberté), et égorgeait, comme les chefs noirs du Nord, indistinctement ceux qui lui tombaient entre les mains.

Geffrard passa, et signala son entrée dans son pays par la prise de l'Anse-à-Veau, à laquelle contribua beaucoup le chef de brigade Jean-Louis-François (¹);

---

tion de L'Amour-Dérance s'étant trouvée plus forte que son parti, il sut sagement temporiser, quoiqu'il brûlât d'envie de se joindre au général Dessalines, et il parvint, par une feinte condescendance aux ordres de L'Amour, à préserver les hommes de couleur comme lui et les noirs créoles de l'extermination des Africains.

Il est peu d'hommes qui se fussent tirés aussi heureusement d'une position aussi critique que l'était la sienne, et il lui a fallu la politique la plus adroite pour ne donner aucune prise sur lui de la part d'un homme aussi soupçonneux que L'Amour-Dérance.

L'approche des troupes que conduisit bientôt Dessalines vers les quartiers où commandait L'Amour, donna à Cangé l'occasion d'abandonner le parti dans lequel il n'était retenu que par l'intérêt qu'il portait à ses frères, et de contribuer dans la suite à la conquête des places de l'Ouest et du Sud. (On peut voir la part qu'à eue ce général à la prise du Port-au-Prince, dans le journal imprimé de cette campagne.)

(¹) Ce fut à la sage opiniâtreté de ce chef de bataillon que Pétion dut son salut au Haut-du-Cap. Clauzel, qui y commandait, avait ordre de l'arrêter. Ce colonel, n'ayant pu se rendre auprès de Clauzel, y envoya Jean-Louis François et deux officiers ; Clauzel renvoya les deux officiers et garda en otage le chef de bataillon jusqu'à ce que son colonel arrivât. Jean-Louis François, jouant la plus grande assurance

mais l'avidité pour le pillage, le désordre inséparable d'une expédition faite si promptement, obligèrent Geffrard de se replier au delà du pont de Miragoâne; toutes les forces du département s'étaient réunies contre lui.

Dessalines apprend qu'il a rétrogradé, lui envoie de nouvelles forces, et l'ordre de lui écrire de la plaine des Cayes; Geffrard change ses dispositions, traverse les montagnes du Rochelois, y incendie tous les établissemens, se répand dans la plaine d'Aquin, tombe sur cette ville en plein jour, y fait un carnage de tous les blancs, l'incendie, et pénètre par les hauteurs de Cavaillon, qu'il brûle. En peu de jours il est dans la plaine et fait sa jonction avec Férou.

Sarrasin et Darbois étaient à Jérémie. Le premier voulut entrer aux Cayes à la tête de sept cents hommes qu'il menait au secours de Laplume; à peine il y entre avec le tiers de ses troupes, à peine Laplume peut-il le dégager à Torbeck où il reste bloqué avec la 14e légère. Darbois sorti aussi de Jérémie crut pénétrer par les hauteurs de Cavaillon, il y est battu, et se sauve à peine laissant sur le champ de bataille un adjudant général (¹).

Geffrard, maître de la plaine, campa aux portes des Cayes. Un seul poste hors de la ville était occupé par les

dès qu'il jugea qu'on voulait s'assurer de Pétion, demande à parler à son domestique, qu'il prétendait avoir laissé hors de la maison où il était; Clauzel pensa que s'il lui témoignait trop de méfiance il ne viendrait pas à son but et le renvoya.

Jean-Louis François prévint son colonel, qui ne se présenta à Clauzel que bien escorté.

(¹) Bernard, que les Français trouvèrent commandant la place de Jérémie; c'était un ancien soldat au régiment d'Artois.

troupes françaises. Geffrard, rempli d'humanité, laissa exister ce poste assez essentiel parce qu'il favorisait la désertion d'une quantité considérable d'hommes et de femmes qui étaient renfermés aux Cayes (¹).

D'ailleurs la poudre manquait, et Geffrard en recevait peu de la ville par la voie de quelques personnes assez hardies pour entreprendre ce commerce.

Les barges armées par les marins du pays procuraient quelques livres de poudre et, peu à peu Geffrard fut en état d'entreprendre le siége de l'Anse-à-Veau. Le Petit-Trou venait d'évacuer et l'on ne trouva rien dans le fort. Geffrard craignant de perdre, par l'évacuation de l'Anse-à-Veau, l'occasion d'acquérir une quantité considérable de munitions dont il avait besoin, se hâta d'en faire le siége.

La ville avait été incendiée, et la garnison du fort, après une quinzaine de jours, se rend à discrétion. Ce fut alors que Geffrard eut la consolation d'envoyer cent livres de poudre au général Cangé qui faisait le siége de Léogane (²). La garnison de Léogane eut le bonheur d'évacuer et de s'embarquer pour le Port-au-Prince.

Il ne restait dans le département du Sud que les Cayes, Jérémie et quelques bourgades au pouvoir des

(¹) L'attachement que Geffrard portait à ses concitoyens et son humanité ont reculé la prise des Cayes. Il a préféré la retarder que de massacrer ses frères. Il a fait parvenir des secours à quelques malheureux qui ne pouvaient sortir de la ville, où ils étaient en surveillance. On peut donc aussi dire de lui : De ses frères il fut le vainqueur et le père.

(²) Service que celui-ci lui avait rendu quand il partit pour le Sud.

Français. Ces villes ressemblaient à de vastes cimetières et offraient le coup d'œil le plus révoltant. Et dans leur enceinte, les naturels du pays, les Français, ces malheureux que leur barbarie a portés à Saint-Domingue, les Polonais étaient moissonnés par les maladies, on les entassait par centaines dans de vastes fosses. Partout l'absence des lois sanitaires ajoutait aux ravages de l'épidémie.

Bientôt les Français ne purent plus communiquer d'un port à l'autre. Par terre, à peine pouvaient-ils aller fourrager, par mer, les marins montant de légères barques, attaquaient leurs bâtimens armés, et les forçaient de rentrer dans leurs ports.

La famine se fit ressentir d'une manière cruelle dans les villes, où l'on vit des soldats mourir dans les rues.

Eh bien! croira-t-on que les noyades n'en eurent pas moins lieu. Laplume, Nérette et Berger, avaient reçu l'ordre de s'embarquer pour le Port-au-Prince, ce digne trio, ne pouvant plus commettre d'atrocités, devenait inutile au Cayes. Berger resta dans le pays, et Laplume et Nérette partirent pour France emportant les malédictions de leurs concitoyens et le mépris des Français (¹).

(¹) Laplume est mort, dit-on, à Cadix, d'où il voulait se rendre en France ; que Dieu le bénisse! Quant à Nérette, qui, en passant à Bordeaux, n'a pas même voulu y voir aucun de ses frères malheureux que Leclerc avait renvoyés de Saint-Domingue, parce qu'il allait à Paris montrer au premier consul ses certificats de bonne conduite ; si quelque jour l'eau bénite de cour lui dessille les yeux, qu'il revienne pour son châtiment jouir de la prospérité de son pays

Brunet avait quitté le théâtre de ces cruautés et suc-
cédait depuis l'invasion du Sud à Laplume. Il mit dans
le Sud plus de mystère dans ses exécutions. Il ne pendit
pas, mais noya secrètement. Personne ne savait plus
adroitement vider les bourses et garder les dehors de la
douceur.

Dessalines ne tarda pas à se transporter dans le Sud.
Il voulait organiser l'armée dans cette partie et faire
pousser le siége des places encore possédées par les
Français. Un autre soin le travaillait, et ce fut au succès
qui couronna l'exécution de l'opération qu'il avait médi-
tée, que le pays doit la paix et la tranquillité dont il
jouit bientôt après.

Avant de partir de la Coupe, poste devant le Port-au-
Prince, il laisse ses instructions à quelques officiers de
confiance, et écrit à L'Amour-Dérance que partant pour
visiter l'armée du Sud, il lui confie le commandement
de l'armée de l'Ouest, qu'il l'invite à s'y transporter pour
y surveiller la discipline. L'Amour-Dérance, alléché par
l'ambition de commander à une armée qu'il voulait
gagner, descend de ses montagnes avec une simple
garde, et est arrêté en faisant l'inspection des troupes
qu'il croyait commander.

Ce fut ainsi que Dessalines détruisit la faction la plus
dangereuse qui se fût déclarée encore contre le salut
du pays. Il eut lieu de se féliciter du parti qu'il avait

qu'il a voulu perdre ; la clémence du chef immortel qui nous couvre
de son égide, l'y attend comme les autres coupables qui sont nos
frères.

pris, car il trouva la majorité des officiers de l'armée du Sud gagnée à L'Amour-Dérance par les brevets qu'il leur avait expédiés comme général en chef de l'armée de Saint-Domingue.

Si cette faction n'avait pas été dissoute aussitôt, les Français auraient profité assurément de nos dissensions, attiré une des deux parties belligérantes dans quelques piéges, et la liberté était encore menacée. Effet trop vrai et fatal des dissensions !

Dessalines porta la consolation dans le Sud, et chaque jour, depuis son arrivée dans ce département, vit sortir des murs des Cayes une foule de malheureux que la confiance en ses armes et l'humanité de Geffrard détrompaient.

Les succès de l'armée du Sud, loin de rallumer dans ce département les fureurs des Français, commençaient à abattre le courage des plus atroces forcenés qui avaient déjà beaucoup dégénéré depuis le départ de Berger. Dans une lettre écrite au curé des Cayes par Dessalines, ce général avait eu la franchise de ne rien cacher de ses dispositions, qui sans doute n'étaient pas favorables aux blancs, et il ne tenait qu'à ceux-ci de prendre le parti de la fuite ; mais la guerre venait d'être déclarée par l'Angleterre à la France, et Dessalines en apprit la nouvelle par le capitaine de vaisseau de le *Thésée* qui venait de faire plusieurs prises, tandis que Brunet ne l'apprit que par la prise de quelques bâtiments que saisissait au sortir du port, le *Pélican*, brick de S. M. B.

Wante, sous-préfet, qui avait remplacé le successeur

de Fréron, après avoir organisé un système de tuerie, était parti dès le commencement des troubles, avait remis les intérêts de la clique entre les mains d'un nommé Lothon, administrateur des domaines, nommé par Rochambeau, capitaine-général de la garde nationale, et qui avait joué aux Cayes le rôle que Collète jouait au Cap.

Le temps de la débâcle approchait, il fallait songer à déguerpir. La prise de l'Anse-à-Veau, du Cap-Dame-Marie et des Abricots, ne disait que trop que la défense n'était plus de saison.

Darbois partit de Jérémie, vint aux Cayes auprès de Brunet, et Fressinet commanda Jérémie.

Les temps au contraire que Dessalines avait été obligé de donner à l'organisation de sa troupe et aux fréquentes tournées qu'il faisait, ayant laissé respirer le Port-au-Prince et le Cap et surtout cette dernière ville que la faction des Congos approvisionnait, Rochambeau ajoutait aux actes de sa cruauté.

La guerre qui venait de se déclarer entre la France et l'Angleterre lui ayant valu la perte des sommes considérables qu'il faisait passer à Porto-Rico et ailleurs, il crut ne mieux faire qu'en se dédommageant sur les bourses des négociants blancs, sur lesquels il établissait un emprunt forcé que ses baïonnettes faisaient payer (¹).

_____

(¹) Plusieurs négocians blancs qui n'avaient pas voulu ou pu souscrire au paiement de la contribution qu'exigeait Rochambeau, furent emprisonnés; sur la demande que ces hommes lui firent de

Boyé était chef de l'état-major, paraissait avoir des mœurs, et au résultat n'était qu'un escroc.

L'adjudant-commandant Maillard venait d'être tué au Haut-du-Cap. Clauzel était nul et Claparède commandait la place en y faisant le commerce des cafés avec les Congos ; ils furent bientôt embarqués.

La Touche-Tréville avait inutilement sollicité du commandant des forces anglaises, un passeport pour se retirer au continent de l'Amérique, vu l'état de maladie où il languissait (il eût mieux fait de dire sa lâcheté). Il venait de partir sur une goëlette et avait laissé le commandement des trois frégates qui étaient au Cap, au capitaine de vaisseau Barré ([1]).

Lavalette et Panisse donnaient le coup de grâce au Port-au-Prince, d'où l'ordonnateur Colbert était parti furtivement, laissant à Rochambeau même un monument de sa haine et l'esquisse de sa conduite ([2]).

Sarrazin n'avait fait que paraître au Port-au-Prince, où il avait rempli ses poches et excité une rumeur en

leur délivrance, parce qu'ils se soumettaient à tout donner, il en prit un pour faire un exemple et fit fusiller le nommé Fédon.

([1]) J'ai l'assurance que ce n'est qu'en considération de la modération avec laquelle cet officier s'est conduit pendant son court séjour dans l'île, que le général Dessalines n'a pas voulu consentir à ce qu'on coulât dans la rade du Cap les trois frégates qui y sont restées au-delà du temps fixé par la capitulation. D'ailleurs la soumission avec laquelle il demanda qu'on lui accordât l'attente des vents favorables pour sortir de la rade, était faite pour désarmer un homme moins enclin à la modération que le général Dessalines.

([2]) Cette pièce, qui est imprimée depuis la prise du Port-au-Prince, est assez connue et peint bien le caractère de Rochambeau, de Sarrazin, de Panisse, etc.

voulant s'y faire un parti. Un certain d'Hénin commandait Saint-Marc, qui ne se soutenait que par la garnison composée presque de jeunes gens de couleur et noirs assez aveugles pour s'attacher au parti français.

Dessalines, à son retour, somma ce général d'évacuer la place et y envoya quelques troupes. Son projet n'était pas d'enlever cette place, il voulait seulement contenir la garnison pour lui donner le temps de faire défiler ses forces dans la plaine du Cul-de-Sac, d'où il voulait lever tous les postes français, les renfermer au Port-au-Prince, et empêcher par ce moyen cette place de s'approvisionner ; mais il fut obligé de camper quelques jours devant Saint-Marc, à la vue duquel croisait un vaisseau anglais. D'Hénin, à la présence de l'armée, calcula sans doute ses forces, et envoya un parlementaire à l'Anglais, avec lequel il capitula sans doute, car dans la nuit de ce même jour il évacua la place avec toute la garnison, ne laissant que la grosse artillerie des forts. La prise de Saint-Marc laissant à l'armée du pays, la route libre pour traîner les pièces dont Dessalines avait besoin pour le siége du Port-au-Prince, il résolut cette expédition. Il partit le 28 fructidor, an XI, de l'Artibonite, et déblaya dans une seule journée la vaste plaine du Cul-de-Sac, d'où il ne rentra au Port-au-Prince que quelques compagnies de la 5e légère.

Dessalines apprend l'évacuation de Jérémie par le général Fressinet, qui avait capitulé avec le général Férou, et avait laissé huit cents hommes Polonais et

Français dans la place, faute de bâtiment pour le transport de ces troupes.

Dessalines pose le siége devant le Port-au-Prince, le 1ᵉʳ vendémiaire an XII, et secondé par les généraux Pétion, Gabart et Cangé, et par son infatigable activité, il réduisit Lavalette à capituler au bout de treize jours.

Le jour pris pour la remise de la place par les troupes françaises, arrive la nouvelle de la capitulation de Brunet. Ce bourreau avait fini comme il avait débuté. Il avait livré l'artillerie de la place et les munitions à la frégate de S. M. B. *la Pique*, de laquelle l'armée fut obligée de les racheter.

La face des affaires devenant plus riante de jour en jour, Dessalines attendait impatiemment le jour convenu pour la prise de possession du Port-au-Prince. Son génie actif et inquiet le transportait déjà sous les murs du Cap. Il se reprochait, comme s'il n'en eût pas assez fait, la perte des victimes que cette ville dévorait chaque jour. C'était contre Rochambeau qu'il voulait se mesurer, et apprendre de lui si l'homme cruel n'est pas toujours un lâche.

Il ne se livra qu'autant de temps qu'il fallut aux soins qu'exigeait la prise de possession du Port-au-Prince, où il laissa le général de division Pétion, et partit pour Artibonite le 28 vendémiaire.

Dès le 8 brumaire il passa en revue ses troupes à l'Artibonite, et le 26 du même mois il se trouvait au Haut-du-Cap avec toute son armée. Cette seule journée lui suffit pour faire capituler Rochambeau. (Voyez le journal imprimé de cette campagne.)

Quelle rapidité dans ses conquêtes, et quelle infatigable activité !

Vainqueurs de l'Égypte, qui n'est plus à vous, détracteurs de l'Anglais, qui vous bat et vous bloque dans vos ports, vous avez fui, vous avez capitulé, vous vous êtes rendus devant un brigand. Aviez-vous oublié que la république française ne traite pas avec ses ennemis tant qu'ils sont sur son territoire? qu'elle ne compose pas avec des sujets rebelles? ou étiez-vous persuadés que Saint-Domingue n'appartient pas de droit à la France; et que nous ne sommes pas des rebelles, quand nous ne voulons qu'être libres comme vous? Le droit du plus fort soumit Saint-Domingue, celui du plus fort en repoussera toujours les blancs.

Que dis-je? avant de rapporter sur nos rivages vos hordes d'assassins, vous devez songer à exterminer ces hommes courageux qui n'aspirent qu'à purger la terre du Corse qui vous a rendus la nation la plus barbare comme la plus vile du monde entier. Les Moreau, les Georges, les Magdonald, et tant d'autres que votre tyranie ne connaît pas, nous vengent déjà des horreurs que vous avez commises à Saint-Domingue.

Pourrions-nous vous craindre encore, quand un vil étranger vous gouverne et vous subjugue? Nous serions aussi vils que vous; et malheur et malédiction au peuple qui marche sur vos traces !

Voyez l'immortel auteur de notre liberté expulser à

jamais vos phalanges victorieuses partout, mais avilies
sur le territoire de la liberté.

Si dès longtemps et à chaque fois que nous fûmes
les plus forts on vous eût rendu le réciproque, votre
escadre n'eût pas trouvé un blanc à son arrivée dans
l'île; mais grâce à l'expérience et à la sagesse du général Dessalines, nous n'aurons plus à pleurer une aussi
funeste indulgence. Il vient de nous faire la justice la plus
complète ; ils ont tous péri par le fer ceux qui les premiers ont tiré le leur contre des hommes innocents.
Aucun Français ne foule plus de son pied sacrilége le
territoire de mon pays. Grâces te soient rendues, immortel restaurateur de notre liberté !

Lorsque Hédouville dégagea Rigaud de l'obéissance
qu'il devait à Toussaint-L'Ouverture, il savait que ce
seul mot appellerait la guerre civile et tous les malheurs
sur nos têtes crédules et ambitieuses ; dégage à ton tour
de la protection que doivent les lois à tout homme,
celle qu'elles pourraient accorder au Français qui sera
assez téméraire pour revoir l'île que nous avons sancti-
fiée par le sacrifice de tout ce qui y portait le nom
français ; peux-tu jamais satisfaire à la vengeance commune? Vois tes villes couvertes de deuil ; vois tes terres
incultes ; vois les soins auxquels tu te livrais nuit et
jour pour raviver tes campagnes ; vois tes enfans,
tes soldats, le paisible habitant des campagnes, estro-
pié par le fusil français ou mutilé par le poignard du
soldat féroce, qui ne lui a laissé que l'oreille, que la
main, auxquelles n'était pas suspendu un grain d'or ;

eh! la femme qui portait à son col le gage du souvenir d'un époux...., qu'est-elle devenue?.... et l'enfant qui n'a pu arracher de son col le hochet d'or qui y pendait pour le présenter à son bourreau, où le retrouveras-tu?.... Et l'on ose supplier ta clémence! Non. Moi aussi je pleure mes parens, j'invoque ta fureur contre tout ce qui est français, et l'animadversion des lois contre quiconque rappellerait ou en souffrirait un sur la terre qu'ils ont ensanglantée.

Puisse l'élément sur lequel ils voguent pour aborder notre île, repaître un instant leurs yeux de la prospérité dont elle jouira sous tes heureux auspices, et ne les vomir contre nos rochers que pour expier par nos mains les crimes de deux siècles! éternise la guerre que nous leur déclarons, et que la présence d'un blanc armé soit le signal de la guerre.

Haïtiens, que le courage d'un héros a relevés de l'anathème du préjugé, en lisant ses mémoires, vous mesurerez de l'œil l'abîme d'où il vous a retirés! Et vous, esclaves de tous les pays, vous apprendrez par ce grand homme, que l'homme porte naturellement dans son cœur la liberté, et qu'il en tient les clés dans ses mains.

LETTRES

de Fréron, de Lucien Bonaparte, du général Lapoype et de Paulette, veuve Leclerc.

LETTRE I.

Lucien Bonaparte, commissaire des guerres, à son ami Fréron.

Mon cher Fréron, je t'ai écrit d'Allemagne, mais ton silence me prouve que tu ne veux plus te ressouvenir de moi. Je profite de l'occasion de Réata pour t'écrire. Dans un mois je pars pour Ajaccio avec ma femme ; maman part bientôt pour l'Italie. Avant de m'embarquer, les assurances de ton amitié me seraient bien chères... Les hommes ne peuvent répondre que d'eux-mêmes ; je te suis attaché, non pas parce que je te dois de la reconnaissance, mais parce que ton caractère, ton cœur et la supériorité de tes talents se sont concilié à jamais mon estime et mon amitié. Un insulaire peut être étourdi et manquer aux convenances, mais il n'est pas hypocrite... Crois que si l'occasion se présentait où je te pusse être utile, tu serais mon frère. Je retourne dans nos montagnes, et là, comme partout, je te conserverai toujours l'attachement que je t'ai voué, car je ne suis pas un homme à circonstances.

6

Ma femme t'embrasse. Maman me charge de te demander à qui tu veux 'qu'elle remette ta vache ; mon ami, cet article me pèse,... finissons-le.

Adieu, mon cher Fréron, le torrent peut nous rapprocher. Quels que soient les caprices de l'aveugle déesse, il est doux de compter sur un ami vrai ; compte sans réserve sur ton frère.

P. S. Réata te remettra cette lettre ; je n'ai pas besoin de te le recommander, puisqu'il est ton ami ; je lui donne des lettres pour madame Tallien et pour Barras. Salut à Nouet et à Paris.

Marseille, le 18 nivôse an v (7 janvier 1797).

LETTRE II.

Le général Lapoype à son ami Fréron.

Par quelle bizarrerie, mon cher Fréron, restes-tu un mois ou deux même sans m'écrire ? Et qu'as-tu fait à Brest pendant un si long temps ? Je te croyais voguant sur les mers profondes, entre les tropiques, et je t'écrivais dans ton gouvernement. Plusieurs lettres sont déjà parties pour les Cayes ; brisons là-dessus. Il est dans mes principes de prendre les choses au point où je les trouve, et toute discussion sur le passé devenant inutile, j'entre en matière.

Je me déporterais avec un grand plaisir à Saint-Domingue. J'ai presque autant que Robinson et Gulliver l'amour des voyages d'outre-mer. Mais que de liens m'enchaînent ! et je ne me sens pas la force de les vaincre. Je crois, d'un autre côté, que je ne pourrai parvenir à surmonter les répugnances invincibles de ma femme pour un voyage aussi scabreux à ses yeux que celui que tu nous proposes ; elle ne me paraît pas très-disposée à se laisser séduire par l'exemple de tant de femmes qui bravent les dangers de la mer et les fatigues d'une longue navigation.

Cependant, mon cher Fréron, je vais lui soumettre tes réflexions qui, quant à moi, me séduiraient de reste ; tout devrait l'engager à prendre un grand parti. Mais le chapitre des conversations est bien long. Tu crois comme une chose facile de passer dans les îles ; mais je ne puis me permettre qu'une demande d'une certaine importance : le commandement de la seconde expédition, et sûrement si cette expédition est arrêtée, · le commandant est choisi. J'ai manqué mon coup, mon cher Fréron : il fallait être chef d'état-major de Leclerc ; il fallait qu'il y mît un grand intérêt, il ne l'a pas fait ; tout est fini, et je n'aurais pas une très-grande confiance dans son amitié et dans les agréments ou utilités qu'elle pourrait me procurer auprès de lui. Hélas ! mon cher Fréron, le temps des illusions est passé... Je vois la nature telle qu'elle est et dépouillée de ces ornements que nous nous plaisions, dans notre jeunesse, à étaler sur la nudité. Ho ! douce amitié, reconnaissance, bienfaisance, humanité, désintéressement, amour, générosité, bienveillance et sentiments, qui avez embelli ma jeunesse trop crédule, qu'êtes-vous devenus ?

Ta lettre, comme tu le vois, mon cher, m'a pris dans un accès de misanthropie et non de repentir, car je ne me repens pas d'avoir presque toujours paré de toutes les vertus les personnes avec lesquelles j'avais quelques relations ; mais aussi ne suis-je plus disposé à m'en reposer sur les trop vaines protestations d'amitié que l'on prodigue avec autant de légèreté que d'inconséquence. De tout cela, mon ami, il faut conclure que pour entreprendre le voyage de Saint-Domingue il faut y arriver avec un état tout fait et non sur des espérances trop *fugitives* (car tu vois qu'aujourd'hui je suis fort pour les épithètes ; fermons la parenthèse). La chose sur laquelle je compte, mon cher Fréron, c'est sur ton éternelle amitié que vingt années ont vue naître et s'accroître et que des siècles ne pourraient affaiblir; en conséquence de cette déclaration, tu dois être convaincu que je ferais pour ta femme tout ce que tu feras pour la mienne en pareille circonstance. Je vais prendre des informations pour son embarquement, etc. (¹).

Nantes, 21 pluviôse an x (11 février 1802).

LETTRE III.

Paulette à Fréron.

J'ai été hier dans de grandes inquiétudes sur ta santé; j'ai envoyé Leconseil, mais trop bête, il est venu sans savoir comment tu te portais. J'étais dans cet état lorsque Nouet vint; je ne m'attendais pas à une de tes lettres; il m'a dit que tu avais beaucoup souffert. Pourquoi ne m'écris-tu pas? Tu ne m'aimes donc pas, puisque tu me désobéis. Je ne veux point voir de ton écriture jusqu'à ce que tu puisses sortir; tu sens bien, mon ami, que la privation est double pour moi, mais je supporterai tout, pourvu que tu guérisses; je t'écrirai. Nouet te remettra ma lettre; dis-lui de venir toujours. Je ne suis pas fâchée que tu te sois ouvert à lui, je le crois discret; car c'est assez qu'il soit ton ami pour que je me fie à lui.

Je n'ai point répondu à ta lettre d'avant-hier, vu que j'aimais mieux t'en parler; mon amour t'est garant de ma réponse. Oui, je jure, Stanislas, de n'aimer jamais que toi seul; mon cœur n'est point partagé, il s'est donné tout entier. Qui

(¹) Ici, à la suite des *Mémoires* de Boisrond-Tonnerre, s'arrête la correspondance; le livre est mutilé. Mais nous complétons cette correspondance à l'aide de l'*Ambigu*, recueil français qui se publiait à Londres, sous la direction de Pelletier. Voyez année 1807, volume xix de ce travail important pour l'histoire contemporaine.

pourrait s'opposer à l'union de deux âmes qui ne cherchent que le bonheur et qui le trouvent en s'aimant? Non, mon ami, maman ni personne ne peuvent te refuser ma main.

Nouet m'a dit hier que tu ne devais pas sortir de toute la semaine; eh bien! il faut prendre patience, nous nous écrirons, et cela nous dédommagera de la privation de ne pas nous voir.

Je te remercie de ton attention à m'envoyer de tes cheveux; je t'envoie des miens, non pas de ceux de Laure, car Laure et Pétrarque, que tu rêves souvent, n'étaient pas aussi heureux que nous : Pétrarque était constant, mais Laure... Non, mon ami, Paulette t'aimera autant que Pétrarque aimait Laure. Adieu, Stanislas, mon tendre ami, je t'embrasse comme je t'aime.

Du 19 ventôse (9 mars 1796).

LETTRE IV.

Fréron à Buonaparte, son ami,

Tu m'as promis, avant de partir, mon cher Buonaparte, une lettre pour ta femme; nous sommes convenus que tu lui annoncerais mon mariage, afin qu'elle ne soit point étonnée de la soudaine apparition de Paulette, quand je la lui présenterai. Je t'envoie une ordonnance, à Toulon, pour chercher cette lettre dont je serai porteur.

Ta mère oppose un léger obstacle à mon empressement; je tiens à l'idée de me marier à Marseille, sous quatre ou cinq jours; tout est même arrangé pour cela. Indépendamment de la possession de cette main que je brûle d'unir à la mienne, il est vraisemblable que le directoire me nommera sur-le-champ à quelque poste éloigné qui exigera peut-être un prompt départ. Si je suis obligé de revenir ici je perdrai un temps précieux, et le gouvernement qui, avec raison, s'embarrasse peu des affections du cœur, pourra blâmer une absence qui retarderait l'objet de la mission qui me sera confiée. Je t'en conjure, écris sur-le-champ à ta mère, pour lever toute difficulté. Dis-lui de me laisser la plus grande latitude pour déterminer l'époque de ce moment fortuné ; j'ai l'autre consentement, j'ai l'aveu de ma jeune amie. Pourquoi ajourner ces nœuds que l'amour le plus délicat a formés? Non, cher Buonaparte ; aide-moi à vaincre ce nouvel obstacle. Je compte sur toi.

Mon ami, je t'embrasse et suis à toi et à elle pour la vie. Adieu.

Marseille, le 4 germinal an IV (3 avril 1796).

LETTRE V.

Paulette à Stanislas Fréron.

Je viens de recevoir ta lettre qui m'a fait le plus grand plaisir, car je commençais à me plaindre de ton silence ; et d'un autre côté, elle m'a vivement affectée à cause de ce que tu me dis de cette femme. Je t'écris de mon lit, et suis très-faible ; ne t'inquiète pas, je ne suis malade que d'ennui et de lassitude. Ecris-moi le plus souvent possible, tes lettres porteront quelque soulagement à mes peines. Je suis bien inquiète de savoir le résultat de cette femme, je me mets à sa place et je la plains. Adieu, je ne puis t'en dire davantage, malgré toute l'envie que j'aurais de causer avec toi. Je n'ai pas encore fait mon portrait, quand je me porterai mieux, je le ferai faire, ne pouvant, pour le présent, supporter la fatigue des séances ; ton portrait m'est d'une grande consolation, je passe les journées avec lui et lui parle comme si tu étais là.

J'espère qu'à l'autre poste je me porterai mieux et t'écrirai plus longuement. Dis bien des choses à Nouet de ma part; j'ai reçu sa lettre et lui répondrai à l'autre poste. Adieu, mon bon ami, je t'aime plus que moi-même. Adieu.

Dis à Lucien qu'il m'écrive; je lui ai écrit deux fois. Excuse mon griffonnage, au lit on n'est pas à son aise.

Marseille, 26 floréal (20 mai 1796).

LETTRE VI.

Paulette à son frère Néapoléone.

J'ai reçu votre lettre, elle m'a fait la plus grande peine; je ne m'attendais à ce changement de votre part : vous aviez consenti à m'unir à Fréron. D'après les promesses que vous m'avez faites d'aplanir tous les obstacles, mon cœur s'est livré à cette douce espérance et je le regardais comme celui qui devait remplir ma destinée. Je vous envoie sa dernière lettre; vous verrez que toutes les calomnies qu'on a débitées contre lui ne sont pas vraies.

Quant à moi, je préfère plutôt le malheur de ma vie, que de me marier sans votre consentement et m'attirer votre malédiction. Vous, mon cher Néapoléone, pour lequel j'ai toujours eu l'amitié la plus tendre, si vous étiez témoin des larmes que votre lettre m'a fait répandre, vous en seriez touché, j'en suis sûre. Vous de qui j'attendais mon bonheur, vous voulez me faire renoncer à la seule personne que je puis aimer. Quoique jeune, j'ai un caractère ferme; je sens qu'il m'est impossible de renoncer à Fréron, après toutes les promesses que je lui ai faites de n'aimer que lui. Oui, je les tiendrai. Je connais trop mes devoirs pour m'en écarter; mais je sens que je ne sais pas changer selon les circonstances. Adieu, voilà ce que j'ai à vous dire; soyez heureux, et au milieu de ces brillantes victoires et de tous ces bonheurs, rappelez-vous quelquefois de la vie pleine d'amertume et des larmes que je répands tous les jours.

Marseille, le 5 messidor (25 mars 1796).

LETTRE VII.

Paulette à son ami Stanislas Fréron.

Je reçois, à mon retour de la campagne, ta charmante lettre qui ma fait tout le plaisir possible. J'ai l'esprit plus tranquille depuis que je l'ai reçue, car je ne dormais pas même à la campagne, où l'on cherchait à me distraire par toutes sortes d'amusements.

Il ne s'en est guère fallu que tu n'aies perdu ta Paulette, j'ai tombé dans l'eau en voulant sauter dans le bateau. Heureusement on m'a secourue à temps. Que cela ne t'inquiète pas, cet accident n'a eu aucune suite. Lucien part pour Paris dans deux jours, il n'a pas reçu la lettre que tu lui as écrite par Sauveur. Je suis contente qu'il aille à Paris, tu pourras concerter avec lui nos intérêts. Je ne te parle plus de ta maîtresse, tout ce que tu me dis me rassure ; je connais la droiture de ton cœur et apprécie les arrangements que tu prends à cet égard. L'eau que j'ai bue dans la rivière n'a pas refroidi mon cœur pour toi, c'est sans doute du nectar que j'ai avalé, s'il est possible de l'échauffer d'avantage. Comment se porte Nouet ? tu m'avais annoncé une lettre de lui ; mais je ne l'ai pas encore reçue ; engage-le à m'écrire.

Addio, anima mia, ti amo sempre, mia vita, addio.
Non so dir se sono amante,
Ma so ben che al tuo sambiante
Tutto ardor pena il mio core,

E gli è caro il suo penar,
Sul tuo volto, s'io ti miro,
Fugge l'alma in un sospiro,
E poi riede nel mio petto
Per tornare a sospirar ([1]).

Marseille, le 14 messidor (4 juillet 1796).

LETTRE VIII.

Paulette à Stanislas.

Mon ami, tout le monde s'entend pour nous contrarier; je vois par ta lettre que tes amis sont des ingrats, jusqu'à la femme de Napoléon que tu croyais pour toi : elle écrit à son mari que je serais déshonorée si je me mariais avec toi, ainsi qu'elle l'espérait empêcher. Que lui avons-nous fait à cette vilaine femme! Est-il possible? Tout est contre nous!... Que nous sommes malheureux!..... Mais que dis-je? Non, tant que l'on aime, l'on n'est pas malheureux. Nous éprouvons des contradictions, nous avons des peines, il est vrai; mais une lettre, un mot : je t'aime, nous console des larmes que nous répandons.

Toutes ces difficultés, bien loin de diminuer mon amour, ne font que l'augmenter. Du courage, mon bien-aimé, notre constance...... le temps où tous les obstacles seront levés, je l'espère. Je te conseille d'écrire à Napoléon, je voulais lui écrire : qu'en dis-tu? Il me semble que ma lettre n'était pas

---

([1]) Adieu, mon âme, je t'aime toujours, ma vie, adieu. Je ne sais pas si je suis bien aimée, mais je sais bien que ton image, ton ardeur renouvellent les peines de mon cœur; ces peines me seraient chères, si je pouvais en lire le contre-coup sur ton visage.

Mon âme s'envole dans un soupir; et puis dans mon sein je souris, pour retomber dans de nouveaux soupirs.

assez forte pour bien le persuader de mes sentiments pour toi; peut-être serait-il attendri des larmes d'une sœur et des prières d'une amie! Tu sais qu'il peut beaucoup; dis-moi ce que tu penses là-dessus. Je pense adresser tes lettres sous l'adresse de maman. Adieu, mon ami, pour la vie, ta fidèle amante.

Il mio carragio comminciava ad abbandonnarmi. Non che io dubitassi dei tuoi sentimenti, ma tante contradizioni m'impazientavano. La tenera sicurezza che mi dai del tuo amore lo rassodono del più in più : Sta di bon cuore, malgrado le tue disgrazie, mi sei sempre più caro; forse le cose cambieranno. Ama mi sempre, anima mia, mio bene, mio tenero amico, non respiro si non per te. Ti amo (¹)

Marseille, le 18 messidor (8 juillet).

LETTRE IX.

Paulette à son ami Stanislas.

Mon bon ami, tu dois être inquiet sans doute de n'avoir pas reçu de mes lettres; mais je souffrais autant que toi de ne pouvoir ni causer avec mon ami, ni pouvoir lui épancher mon cœur; j'étais au lit, car j'ai été un peu malade : tu connais ma sensibilité et tu n'ignores pas que j'idolâtre, et de voir

(¹) Le courage commençait à m'abandonner; non pas que je doutasse de tes sentiments, mais tant de contrariétés m'impatientaient!... La tendre affirmation que tu me fais de ton amour me rassure de plus en plus : tâche d'être gai; malgré tes malheurs, tu m'es toujours cher; les choses peut-être changeront. Aime-moi toujours, mon âme, mon bien, mon tendre ami. Je ne respire que pour toi. Je t'aime.

que nous sommes si contrariés et si malheureux... Non, il n'est pas possible à Paulette de vivre éloignée de Stanislas.

Autrefois, j'avais la consolation de pouvoir parler de toi et de m'épancher avec Eliza, mais je ne l'ai pas. Lucien m'a montré ta lettre, je vois que ta situation est toujours la même ; ah ! comme je l'ai baisée, cette lettre ! comme je l'ai pressée contre mon cœur ! Oui, malgré toutes ces contrariétés, avec ton amour, je me sens le courage de les supporter ; je voudrais être avec toi, je te consolerais de toutes les injustices qu'on a envers toi. Enfin, nous sortons de cette maison : demain, je t'écrirai l'adresse. Adieu, mon bon ami, écris-moi souvent et épanche ton cœur dans celui de ton amante.

Sono inquieta di non aver recevuto dei tuoi letteri ; ma spero che quest' altra posta ne avrà. Ah ! caro mio, ben nume, che soffranzo d'essere separati così molto tempo ; ma conservo la speranza che saremo presto riuniti. Addio dunque, cara mia speme, idol mio, credo che alla fine la sorte si stancharà di perseguitarci e tutte le mie azioni non si tornano che verso di te. Ti amo sempre apassionatissimamente, per sempre ti amo, ti amo, bel idol mio ; sei cuore mio, tenero amico. Ti amo, amo, amo, amo, si amatissimo amante (¹).

Marseille, 23 messidor.

(¹) Je suis inquiète de ne pas recevoir de tes lettres ; j'espère d'en avoir par le premier courrier. Ah ! cher ami, chère divinité, quelle souffrance de nous trouver séparés depuis si longtemps ! Je conserve l'espoir que nous serons bientôt réunis. Adieu donc, chère âme, chère idole ; je crois qu'à la fin l'adversité se lassera de nous poursuivre ; toutes mes pensées sont pour toi. Je t'aime toujours avec la plus vive passion. Je t'aimĕ, je t'aime, mon idole ; tu es mon cœur et mon tendre ami. Je t'aime, je t'aime, je t'aime, amant si digne d'être aimé.

LETTRE X.

Lucien Bonaparte, commissaire des guerres, à son ami Fréron.

Toujours en course depuis mon départ de Paris, j'arrive avant-hier à Marseille, et mon premier soin est de t'écrire. Je suis dans les bras de ma famille, et mon bonheur, pour être parfait, n'a plus besoin que d'être partagé par les personnes qui me sont chères.

J'ai grande envie d'aller à Paris vous voir et terminer quelques affaires qui m'intéressent beaucoup ; il est possible que dans un mois je parte.

Quelle est la tournure des affaires publiques ? mais surtout en quelle situation sont les tiennes, mon cher frère ? Voilà les deux questions dont je te demande la franche explication dans ta réponse... Que fais-tu ? Qu'espères-tu ? Quels sont tes desseins, tes plans, tes moyens ?... Voilà bien des questions : elles seraient bien indiscrètes si l'amitié la plus vraie et un sentiment plus vif encore ne les justifiaient. Un mot, mis avec cette lettre, t'expliquera cette énigme que ton cœur devine déjà.

J'ai vu Néapoléone à Milan, mais si peu et si occupé qu'aucune nouvelle de famille n'a été discutée entre nous : son objet l'occupe si exclusivement qu'il est impossible avec lui de se livrer au moindre détail.

Adieu, mon cher Fréron, je t'embrasse pour mon compte et pour celui de ma femme, qui t'aime bien. Salue Paris, Nouet et tous nos amis. J'ai laissé Leclerc à Milan.

Marseille, 1er messidor an IV (21 juin 1796).

FIN.

St-Denis.—Typ. de Prevot et et Brouard.

www.ingramcontent.com/pod-product-compliance
Lightning Source LLC
Chambersburg PA
CBHW060158100426
42744CB00007B/1078